T0357670

Guía del horticultor autosuficiente

Guía del horticultor autosuficiente

Técnicas, proyectos y recetas para todo el año

HUW RICHARDS
SAM COOPER

Contenidos

Prólogo

¿No se necesita mucho espacio de cultivo para ser autosuficiente? ¿No hay que dedicarle mucho tiempo? ¿No hay que comprar mucho compost, lo que parece un contrasentido? ¿No son un problema los meses de carestía? Hace un par de años habría respondido «sí» a estas preguntas.

Esta actitud negativa, no obstante, me molestaba mucho. Tenía tantas ganas de demostrar que se podía ser autosuficiente que debía encontrar la forma de lograrlo. El hecho de escribir este libro ha tenido algo de revelación. Ahora puedo decir que la respuesta a todas estas preguntas es un «no» categórico. Esta *Guía del horticultor autosuficiente* recoge el viaje en el que me embarqué. He transformado mi propia experiencia en un plan detallado para poder cultivar alimentos durante todo el año, un plan que a la vez es práctico y viable. Está lleno de consejos útiles y recoge todo lo aprendido a lo largo del proceso. Espero que te ayude también a ti a cumplir tu objetivo de autosuficiencia.

Huw

¿Quieres cultivar muchos alimentos frescos? ¿Qué harás con ellos después? Si quieres ser autosuficiente, debes aprovechar al máximo tus cosechas y asegurarte de tener lo suficiente para los meses de carestía.

A diferencia de los libros de recetas, este libro pone la cocina al servicio del huerto. Te ayudará a descubrir y aprovechar todos los sabores de tus productos, te dará ideas para cocinar y conservar tus cosechas, y, lo más importante, a hacerlo de la manera más eficiente posible para que tengas todo el tiempo del mundo para disfrutar de tu huerto.

El libro combina las habilidades hortícolas de Huw con mi experiencia culinaria como chef. Espero que te dé la confianza necesaria para lograr ser autosuficiente todo el año.

Sam

A tener en cuenta: los meses que se mencionan en este libro corresponden al clima del hemisferio norte; si vives en el hemisferio sur, deberás adaptarlos a las estaciones australes.

Principios de un huerto autosuficiente

Para que un espacio te proporcione productos asequibles y sostenibles todos los días del año, debes tener en cuenta tres consideraciones básicas: la nutrición, el tiempo y el coste. Tan pronto como comprendas su importancia, podrás comenzar tu viaje hacia la autosuficiencia.

Hemos diseñado el huerto para que produzca una cantidad significativa de alimentos nutritivos en un espacio de solo 10 x 12,5 m. El planteamiento es práctico y eficiente porque incorporamos medidas para ahorrar tiempo y dinero en cada fase del proceso, desde escoger las mejores variedades hasta elegir una forma eficaz de cultivar y preparar los alimentos. Con nuestros métodos ahorrarás tiempo y dinero, tanto en el huerto como en la cocina. El diagrama de la derecha muestra las prioridades.

Esta sencilla pirámide muestra los principios básicos de la horticultura autosuficiente: nutrición (como valor superior), tiempo y coste.

PIRÁMIDE DE PRINCIPIOS

La nutrición está en la parte superior de la pirámide porque el objetivo prioritario es producir alimentos ricos en nutrientes en un suelo sano con el espacio disponible. En la base, como cimientos, están el tiempo y el coste, que también hay que tener en cuenta. A partir de estos tres principios, te enseñaremos a organizar tu tiempo de forma más eficaz para obtener cultivos nutritivos óptimos con el coste mínimo. Veamos cada uno de los principios de manera más detallada.

Nutrición

Principios

Tiempo

Coste

Tiempo

Considerar el tiempo como un recurso que solo podemos usar una vez nos ayuda a priorizar. Nos anima a obtener el máximo posible y eso nos produce satisfacción. Comprender la importancia de administrar y priorizar el tiempo también nos ayuda a evitar la carestía y a celebrar cada paso del proceso. Acepta la estacionalidad y los cambios que conlleva. Y mira siempre las tareas hortícolas bajo el prisma de la oportunidad.

PON EN PRÁCTICA LOS PRINCIPIOS

Los tres principios clave son nuestra consigna para ser autosuficientes. Siempre que debas tomar una decisión, tenlos presentes y pregúntate si tu decisión se adapta a uno o más de estos principios y cómo podrías optimizar los beneficios. Una vez aceptados los principios, puedes recurrir a los dos métodos que detallamos en la página siguiente. Te ayudarán a seguir por el buen camino y a triunfar lo antes posible.

Nutrición

Un suelo sano es clave para un huerto productivo y viable. Si el suelo es rico en vida microbiana beneficiosa, las plantas tendrán acceso a los nutrientes vitales y podrán prosperar. Luego, al llevar a la cocina los productos del huerto, acabamos por absorber los nutrientes. Interactuamos con ellos a través de nuestras papilas gustativas y de nuestro olfato. Cuanto más nutritivos sean los alimentos, mejor sabrán. Una buena nutrición es esencial para nuestro bienestar y para nuestra salud, y también para el bienestar de las plantas de nuestro huerto.

Coste

Aprovechar al máximo los recursos gratuitos o de bajo coste que encuentras en la zona en la que vives es la mejor forma de reducir la dependencia de materiales que nos llegan de lugares lejanos. Por ejemplo, puedes construir bancales elevados con materiales reutilizados como palés, establecer un sistema de compostaje en tu comunidad e intercambiar (trocar) tus habilidades o tus herramientas con otras personas. Si cultivas alimentos de este modo gastarás menos dinero y menos recursos y ahorrarás cuando vayas a comprar a la tienda o el supermercado.

> **"**
> Comer algo que tú mismo
> has cultivado es un motivo
> más que suficiente para
> celebrarlo.
> **"**

MÉTODOS AUTOSUFICIENTES

La autosuficiencia es un objetivo a largo plazo y es importante estar motivado mientras te esfuerzas por conseguirla. Hacer un seguimiento de los avances y saber que vas en la dirección correcta es clave, como también lo es celebrar cada pequeño éxito que te acerque a tu objetivo.

Los dos métodos que me han funcionado (el gradual y el centrado en los cultivos) se explican en detalle más abajo. Con el primero divides el proceso de la autosuficiencia en varios pasos sencillos y asequibles, tales como tu primera comida con verduras del huerto. Cada paso te acerca un poco más a tu meta de la autosuficiencia.

Con el segundo método, el objetivo es ser autosuficiente en un cultivo específico durante una temporada de cultivo. Una vez lo hayas logrado, puedes añadir nuevos cultivos.

1. Autosuficiencia gradual
Empezar con una meta muy ambiciosa, como no comprar ninguna verdura y comer solo productos de tu huerto, solo es viable si el proceso es gradual y con un planteamiento a largo plazo.

Como cuando entrenas para un maratón. No corres los 42 kilómetros el primer día, sino que empiezas con uno y vas aumentando la distancia paulatinamente, hasta que estás listo para el gran acontecimiento.

A continuación encontrarás algunos pasos clave. Cada uno de ellos te acercará un poco más a tu objetivo y todos ellos son motivo de celebración:

- Primera comida con verduras del huerto
- Primera comida en la que todas las verduras son del huerto
- Primer día en que todas las verduras que comes son del huerto
- Primer fin de semana en el que todas las verduras que comes son del huerto
- Primera semana en que todas las verduras que comes son del huerto
- Primera quincena...
- Primer mes...
- Primera estación...
- ¡Primer año!

Los tropiezos forman parte de la vida, así que si surgen complicaciones o necesitas tomarte un respiro, no te sientas obligado a pasar a la siguiente fase. Es mejor ceñirse a lo que has conseguido, como comer verduras del huerto un día a la semana, hasta que te sientas preparado para seguir adelante.

2. Autosuficiencia centrada en los cultivos
Tu meta con este método es ser autosuficiente en un único cultivo, por ejemplo la lechuga o el ajo, durante una temporada. Para poder comer lechuga del huerto durante todo el verano o cultivar ajo suficiente para todo el invierno, hace falta un plazo determinado. Pero centrarse en un solo cultivo es sin duda más fácil que pensar en todo lo que crece en tu huerto. A medida que el tiempo pase y la productividad aumente, te irás sintiendo cada vez más seguro y podrás fijarte metas más ambiciosas, como comer patatas del huerto todo el año.

Consejo
Las hierbas perennes y anuales, como el romero y el perejil, son muy apropiadas para empezar. No requieren mucho espacio, crecen con mucha facilidad y se conservan bien. ¡Con muy poco conseguirás mucho!

Crea tu huerto

Plan general

Ahora que conoces los principios básicos de la autosuficiencia moderna, el siguiente paso es crear el espacio que lo haga posible. Una vez hayas montado el huerto, es hora de empezar a sembrar y de prepararse para un año de cultivo muy productivo que te dará grandes satisfacciones.

TAMAÑO Y PRODUCCIÓN

Al desarrollar un huerto de autosuficiencia, nos fijamos el objetivo de producir 365 kg de alimentos en un año. Esto es 1 kg/día entre 2 adultos o 3 raciones por persona de las 5 diarias recomendadas.

Desde la primera siembra, a principios de marzo, solo tardamos 5 meses en cosechar 200 kg o 2500 raciones de alimentos frescos, que cultivamos en un huerto de 10 x 12,5 m, exactamente el tamaño de media parcela. Con una superficie total de cultivo de solo 75 m² (descontando las zonas de paso), nuestro objetivo era obtener un rendimiento de unos 5 kg de producto por metro cuadrado. A los 200 días de la primera siembra, alcanzamos el objetivo de 365 kg. ¡Cinco meses antes de lo previsto! Aquí vamos a compartir la fórmula que utilizamos para lograr estos increíbles rendimientos.

Adáptalo a tu parcela

Es probable que tu parcela tenga una distribución muy distinta a la de nuestro huerto autosuficiente, que se diseñó expresamente para adaptarse al espacio disponible. Pero puedes incorporar muchos de los espacios de cultivo clave adaptándolos a lo que ya existe. Si eres nuevo en el mundo de la horticultura, tómatelo con calma e introduce solo dos o tres espacios durante la primera temporada de cultivo para ir ganando confianza.

Si creas un huerto desde cero, te recomiendo que des prioridad al cultivo bajo cubierta. Así prolongarás el periodo vegetativo y tendrás mayor variedad de cultivos. Luego, construye dos o tres bancales elevados para cultivar productos básicos como patatas y cebollas. Finalmente, instala al menos un compostador, que te ayudará a empezar a mejorar la fertilidad del suelo.

En este capítulo te mostraré cómo crear cada uno de los espacios de cultivo.

Bancales elevados

Los bancales elevados te permiten dividir el área de cultivo en secciones más pequeñas, en lugar de cultivarlo todo en un único bloque grande. Así te será más fácil gestionar el espacio. Para disponer de un espacio de cultivo útil bajo cubierta, hemos cubierto algunos bancales con tubos en forma de arco y una lámina de plástico.

TAMAÑO Y ASPECTO

Con los bancales elevados (imagen), hay que buscar un equilibrio de tamaño. Deben ser lo más grandes posible, pero sin que sea incómodo acceder a ellos. Si son demasiado largos, tendrás la tentación de saltar por encima en vez de rodearlos; si son demasiado anchos, te costará llegar al centro. Con los años, he llegado a la conclusión de que lo ideal es que no pasen de 3 m de largo ni de 1,2 m de ancho. Los bancales del politúnel pueden ser más anchos. El espacio de cultivo bajo cubierta es tan útil que estoy encantado de poderlo hacer un poco más ancho.

Uno de los lados largos debe orientarse al sur (ver p. 26 para más información).

LATERALES

Si construyes los laterales con materiales resistentes, como madera o bloques de hormigón, los límites estarán bien definidos. Además, tendrás sitio para sentarte y sujetar los arcos. Un bancal con laterales permite cultivar a más profundidad, sobre todo si el suelo no tiene

capa vegetal. Los laterales sólidos evitan que las malas hierbas los invadan. No obstante, un sencillo bancal cubierto sin armazón es la opción más económica y es una buena elección siempre que haya al menos 20 cm de capa arable vegetal bajo la superficie.

LLENADO DEL BANCAL

Añade suficiente capa arable vegetal para llenar dos terceras partes del

BANCAL ELEVADO OJO DE CERRADURA

Es perfecto para aumentar la superficie de cultivo junto a los bordes o en las esquinas, y tiene acceso central. Ver el bancal de ensalada del plan de la página 43.

bancal y llena la tercera parte restante con compost. Si tienes poco compost, bastará una capa de 5 cm, ahorquillada con la capa superior de la capa arable. Otra opción es ir llenando los bancales como si fueran compostadores poco profundos. Añade material que pondrías en el compostador: hojas, recorte de hierbas, posos de café o cartón triturado. Luego pon encima una capa de compost como medio de cultivo. Con el tiempo, el material se descompondrá y proporcionará nutrientes a las futuras plantas.

Consejo

El Hügelkultur *(cultivo de montículo) es un método que utiliza distintas capas de material orgánico, que van descomponiéndose con el tiempo. Es una forma fácil y económica de llenar los bancales profundos.*

ZONAS DE PASO

Deben ser lo bastante anchas para que puedas agacharte entre ellas para las tareas rutinarias, o para que pase una carretilla. En mi huerto autosuficiente he optado por usar cubos, en lugar de una carretilla, y he dejado zonas

de paso de 40 cm de ancho. El acceso principal (de la entrada hasta el politúnel), sin embargo, mide un mínimo de 60 cm de ancho. Si estas medidas no se ajustan a tu parcela, adáptalas a las proporciones y crea tus zonas de paso con dos tablones de madera.

Para las zonas de paso he usado virutas de madera. No solo quedan bien y evitan resbalones, sino que además son fáciles de mover y permiten que se drene el agua. Además, nutren la vida microbiana beneficiosa del suelo.

BANCALES CUBIERTOS

Los bancales cubiertos son bancales elevados cubiertos con un invernadero de aros o politúnel encima. Ofrecen un espacio de cultivo bajo cubierta fantástico y están pensados para dar cosechas tempranas y cultivos tardíos. Te cuento cómo hacer un invernadero con aros de 3 m x 1,2 m, que se adapta a mi espacio, pero puedes ajustar la anchura. He utilizado tablones y revestimiento de plástico de medida estándar para el invernadero. Luego lo he fijado al bancal por un lado con bisagras, para que pueda abrirse (ver abajo) y facilitar el acceso.

Materiales

3 tablones de 2 x 3, de 3 m

2 listones para el techo de 25 mm x 50 mm, de 3 m

2 tablones de 2 x 3, de 1,2 m

2 tablones de 2 x 3, de 60 cm

8 tubos de alkathene de 22 mm de grosor, de 3 m

3 bisagras para puertas de acero inoxidable

Revestimiento de plástico resistente a UV de 5 x 2 m

Tornillos de 80 mm de acero inoxidable

Tornillos de 40 mm de acero inoxidable

Listón de madera fino que mida en total 2,4 m de largo (de cualquier longitud)

Clavos (más largos que los listones de madera)

Herramientas

Martillo

Sierra de madera

Cinta métrica

Lápiz

Taladro

Broca de 25 mm

1. Reúne los materiales y las herramientas; corta los tablones si hace falta.

2. Haz el armazón colocando los tablones de 2 x 3 m y los tablones de 2 x 1,2 m en una superficie plana formando un rectángulo. Pon el lado más ancho de los tablones mirando hacia arriba y fija las esquinas con tornillos de 80 mm.

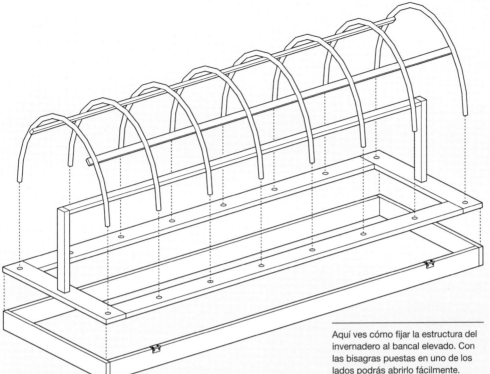

Aquí ves cómo fijar la estructura del invernadero al bancal elevado. Con las bisagras puestas en uno de los lados podrás abrirlo fácilmente.

3. Pon los tablones de 2 x 60 cm en vertical en el punto medio de cada lado corto del rectángulo. Con el lado más ancho de la madera mirando hacia fuera, fíjalo bien al armazón con tornillos de 80 mm, sobre la parte superior en el centro. Para completar la estructura, atornilla el tercer tablón de 3 m a los dos postes; debe quedar enrasado con la parte superior.

4. Fija las 2 bisagras con tornillos de 40 mm, una a 1 m y la otra a 2 m, en el lado largo de la estructura del invernadero. Luego fija las bisagras al lado largo del bancal elevado.

5. Antes de colocar los tubos para los arcos, haz 8 agujeros a lo largo de cada lado de 3 m con la broca de 25 mm. Haz un agujero a unos 5 cm de cada extremo y luego los otros 6 a cada 42 cm aproximadamente.

6. Mete los tubos de 8 x 3 m en los agujeros y cúrvalos formando arcos sobre el armazón. Atorníllalos en la parte superior del armazón para que queden bien sujetos.

7. Luego fija los listones de 3 m como a la mitad de los arcos para reforzar la estructura. Colócalos en

la parte interior de los arcos, de forma longitudinal; luego atorníllalos a los tubos.

8. Para fijar el revestimiento de plástico, primero ponlo sobre los arcos de manera que cuelgue igual por ambos lados. Después, clava los listones al plástico por ambos lados y alrededor de ambos extremos, de forma que quede bien fijado a la base de la estructura. Es más fácil hacerlo entre dos, para que el plástico quede bien tirante.

Viveros

«Un vivero es un entorno cálido y protegido, creado a partir del calor que genera la materia orgánica en descomposición, que se usa para producir cosechas tempranas».
Jack First, autor de Hot Beds

Un vivero, una de las formas más productivas de cultivar alimentos en un espacio pequeño, permite cosechar, a partir de marzo y abril, verduras que normalmente se cosechan en junio y julio. Está formado por dos estructuras: una exterior, con el material orgánico, y otra interior, que protege las plántulas y conserva el calor. Sobre la estructura interna se colocan dos «ventanas» que dejan entrar la luz (imagen en página opuesta). No están fijas, para poder quitarlas. En la página 24 encontrarás instrucciones detalladas para construir la estructura interior. Los viveros también funcionan como compostadores, así que al final de la temporada tendrás mucho material para abonar bancales elevados.

Estructura exterior

Lo ideal es que la estructura exterior mida 1,5 x 1,5 m. Puedes hacerla con madera barata o reciclada, como la de palés, vallas viejas o tablones de andamio. Es aconsejable ponerle correas o postes de soporte. Así evitarás que la estructura exterior se abombe hacia fuera una vez llena.

Estructura interior

Es más pequeña, de unos 1,2 x 1,2 m. Recomiendo usar madera de 2,5 cm de grosor para que dure más. Las dos ventanas, llamadas luces, se colocan encima; puedes abrirlas con una cuña de madera para ventilar el vivero los días de calor. Cuando hace viento, las luces deben estar bien aseguradas; una forma sencilla de lograrlo es fijando un cable elástico con clavos en forma de U.

Llenado del vivero

Antiguamente, se llenaba con una mezcla de estiércol de caballo y paja, en general en una proporción de 50 % de material marrón (paja) y 50 % de material verde (estiércol). El estiércol de caballo puede sustituirse por algas, recortes de hierba o estiércol de granja; y la paja, por virutas de

madera, cartón triturado o heno usado. Añádelos en finas capas alternas y siguiendo la proporción de mitad marrón/mitad verde. Trata de usar virutas de madera rameal (de ramas de menos de 7 cm de diámetro). Es el material ideal porque contiene el 75 por ciento de los minerales del árbol. Úsalo en exclusiva para generar calor: no hace falta añadir otros materiales.

Cada vez que añadas una capa de material, pisotéala. Así reducirás las bolsas de aire y conseguirás que la temperatura del vivero permanezca relativamente constante durante un periodo prolongado. Tras llenar el vivero hasta la altura deseada (ver tabla de abajo), empapa bien la mezcla con la manguera, hasta que el agua salga por la base. Añade encima una capa de 8-10 cm de compost y déjalo durante 2-3 días para que la temperatura se estabilice. Luego coloca encima la estructura interior, sin las ventanas; presiónala hasta que se hunda 3-4 cm en el compost y llénala con otros 8 cm de compost. Ya puedes colocar las ventanas encima. Quedará un espacio pequeño para cultivar, pero piensa que si el volumen de aire es más pequeño, se calentará más rápido. A medida que las plántulas vayan creciendo, ve elevando la estructura interior poco a poco, para aumentar ligeramente el espacio interior.

La profundidad del material determinará el tiempo que conserva el calor.

Grosor del material	Calor generado para
80-90 cm	3 meses
60-70 cm	2 meses
35-45 cm	1 mes

Yo pongo postes en las esquinas para reforzar la estructura exterior (arriba). Una vez llena la estructura, hay que empapar bien el estiércol y la paja (izquierda).

Sigue las instrucciones para construir la estructura interior (arriba) y las ventanas (derecha y abajo) que aparecen en la página siguiente.

CONSTRUCCIÓN DE LA ESTRUCTURA INTERIOR

Materiales

Las letras indican las medidas de las piezas de madera del gráfico de la página opuesta. Usa madera de 2,5 cm de grosor; ayuda a conservar el calor y tiene mayor duración.

Para la estructura

1 tablón de 115 x 10 cm (F+G)

2 tablones de 110 x 10 cm (H+I)

2 tablones de 115 x 20 cm (C+D)

2 tablones de 120 x 20 cm (A+B)

1 tablón de 120 x 10 cm (E)

4 estaquillas: 2 de 30 cm (J) y 2 de 20 cm (K), de madera de 2 x 2

tornillos de inoxidable de 4-5 cm

2 clavos galvanizados en forma de U (grapas)

Para cada luz o ventana

2 listones de 130 cm de 2 x 2

2 listones de 50 cm de 2 x 2

1 tablón de 40 x 5 cm

2 tablones finos de 60 x 5 cm

2 tablones finos de 110 x 5 cm

1 lámina de 80 x 200 cm de plástico para politúnel

tornillos de inoxidable de 8 cm

tornillos de inoxidable de 5 cm

Herramientas

Cable elástico

Sierra

Taladro

Destornillador

Martillo

Tijeras o navaja multiusos

Pieza	Medida
G / F	115 cm x 10 cm
I	110 cm x 10 cm
H	110 cm x 10 cm
D	115 cm x 20 cm
C	115 cm x 20 cm
B	120 cm x 20 cm
A	120 cm x 20 cm
E	120 cm x 10 cm
J	Dos estaquillas traseras de 30 cm
K	Dos estaquillas delanteras de 20 cm

Para la estructura

1. Corta en diagonal el tablón para F y G para obtener 2 triángulos.

2. Construye la base de la estructura interior atornillando las 2 estaquillas de 20 cm a los extremos del tablón A y las 2 estaquillas de 30 cm a los extremos del tablón B.

3. Fija los extremos de los tablones C y D a las estaquillas que has atornillado a los tablones A y B para obtener una estructura rectangular.

4. Atornilla los extremos del tablón E a la parte trasera de una de las estaquillas de 30 cm.

5. Atornilla el lado corto de las piezas triangulares, F y G, a las estaquillas de 30 cm. Mide 10 cm desde el extremo más estrecho de cada una y coloca un tornillo para fijarlas al tablón de abajo.

6. Atornilla los tablones H e I a los lados inclinados con la misma inclinación, dejando un borde de 5 cm arriba, a 2,5 cm de cada extremo.

7. Clava con el martillo un clavo en forma de U justo al lado del extremo superior, en el punto medio del tablón C, para formar un ojo para el cable elástico. Clava otro clavo en forma de U en el lugar correspondiente de la parte exterior del tablón D.

Este gráfico muestra cómo se monta la estructura interior y cómo se colocan las luces o ventanas encima. Una y otras se colocan dentro de la estructura exterior.

Para la ventana

1. Fija las 2 piezas de 50 cm a ambos extremos de las 2 piezas de 130 cm con los tornillos de 8 cm, para formar un rectángulo.

2. Atornilla el tablón de 40 cm en el interior de una de las secciones de 50 cm con tornillos de 50 cm, para que sobresalga la mitad del ancho. Servirá de borde e impedirá que la luz se deslice hacia la estructura interior (imagen p. 23, parte superior derecha).

3. Con el borde en la parte inferior, coloca el plástico encima para que cuelgue igual por ambos lados.

4. Pon el tablón fino de 60 cm sobre el revestimiento de plástico (extremo del borde), pasa el plástico alrededor suyo y enróllalo por encima 4-5 veces tirando hacia ti (imagen de la p. 23, abajo a la izquierda). Luego atornilla el tablón nivelado con el borde exterior del tablón de 60 cm, colocando tornillos de 5 cm espaciados de forma regular (imagen de la p. 23, abajo a la derecha).

5. Pon el segundo tablón fino de 60 cm en el extremo opuesto del revestimiento de plástico y enróllalo como en el paso anterior. El plástico se tensará, pero enróllalo una o dos veces más para que

quede bien tirante. Luego atornilla el tablón al borde exterior del tablón de 60 cm con tornillos de 5 cm espaciados de forma regular.

6. Para que el plástico no se mueva por los lados, atornilla 2 tablones de 110 cm en la parte superior de los dos de 130 cm (el borde sigue debajo), con tornillos de 5 cm espaciados de forma regular. Corta el plástico sobrante.

7. Repite el proceso con la segunda luz.

8. Coloca las dos luces directamente sobre la estructura interior. Deberían encajar perfectamente.

Politúnel

Un politúnel, espacio protegido y cubierto, es la zona de cultivo más apreciada y aumenta de forma significativa la variedad de cultivos que pueden cultivarse en climas templados. Yo uso el mío durante las cuatro estaciones, para las plántulas en primavera y para poder tener hojas de ensalada frescas en invierno, a cobijo del frío y la lluvia.

TAMAÑO Y ASPECTO

En el huerto tenemos un politúnel de 6 x 3 m. Permite cultivar una gran cantidad de alimentos y guarda proporción con los bancales elevados exteriores. Su ancho permite tener una única zona de paso en el centro y dos bancales de 1,2 m de ancho a cada lado. Estos bancales elevados se construyen y se llenan exactamente igual que los exteriores (ver p. 16). Recomiendo aumentar la proporción de compost (y por tanto de materia orgánica) en un 50 por ciento, para que el suelo retenga el máximo de humedad. Cuando hace calor, los bancales del politúnel pueden secarse rápidamente si la superficie no está protegida por plantas o mantillo.

En cuanto al aspecto, el politúnel debería parecerse a los bancales elevados y situarse a lo largo del eje este/oeste. Es decir, uno de sus lados largos debe quedar orientado al sur, un extremo al oeste y el otro al este.

COMPRA Y CONSTRUCCIÓN

La mayoría de los politúneles se venden como kit. El kit incluye una estructura de metal, puertas de madera y un revestimiento de plástico para cubrirlo. Hay bases para todo tipo de suelos. Un buen fabricante debe darte una información clara sobre el tipo de túnel más indicado para tu terreno. El politúnel debe incluir instrucciones precisas de montaje. Para construirlo necesitarás que te eche una mano al menos otra persona; muchas empresas de politúneles ofrecen servicio de montaje por un coste adicional. También puedes contratar a un constructor.

RIEGO

El riego a mano, con latas o con manguera, exige tiempo y energía. Para facilitar la tarea, recomiendo instalar en el politúnel mangueras de irrigación. Puede hacerse antes o después de plantar los bancales. Luego lo único que tendrás que hacer es abrir el grifo (¡y acordarte de cerrarlo!). Para una eficacia óptima y para disminuir la evaporación, coloca la manguera justo bajo la superficie de los bancales. Es mejor regar a primera hora de la mañana o a última hora de la tarde. Deberían bastar 2-3 sesiones de riego de 35-40 minutos a la semana.

EN INVIERNO

El politúnel no solo te proporcionará muchos de tus productos favoritos en verano, como los tomates. Con una buena planificación también puede resultar increíblemente productivo en invierno y podrás cosechar hojas de ensalada y verduras frescas.

En la página 109 tienes información sobre cómo puedes producir productos frescos abundantes durante los meses de invierno y principios de primavera. Una buena protección y la temperatura ambiente adecuada del politúnel ayudan a sobrevivir a las plantas menos resistentes.

Banco de plantación y herramientas

El banco de plantación, el lugar donde se siembran las semillas en bandejas y macetas, es el centro neurálgico del huerto. Puedes hacer tu propio banco muy fácilmente. Si le añades unos estantes debajo, podrás guardar las herramientas y accesorios básicos, desde tijeras de podar y desplantadores hasta semilleros y etiquetas.

BANCO DE PLANTACIÓN

Una mesa de caballetes hecha por ti puede ser un buen banco de plantación, y muy barato. El mío consta de dos caballetes con dos tablones encima. El resultado es una superficie de trabajo estable y resistente. Además, pesa muy poco, así que es fácil de mover.

Para reducir los derrames al sembrar y enmacetar, yo pongo una cesta grande y flexible llena de compost sobre el banco. También puedes usar una caja de cartón fuerte con uno de los lados más bajos. Cambia la caja cada 3 o 4 semanas.

Materiales

8 listones de 2 x 3, de 67 cm
8 listones de 2 x 3, de 90 cm
4 bisagras de metal (y tornillos)
32 tornillos de 7-10 cm
Tablones para colocar encima

1. Para preparar uno de los cuatro bastidores, atornilla dos de los listones largos y dos de los listones cortos como se indica (ver gráfico). Repite la operación hasta tener los cuatro bastidores.

2. Atornilla una bisagra en el centro de la parte superior de un bastidor y únela al segundo bastidor. Una vez unidas, las patas se abren formando un caballete.

Repite la operación con el tercer y el cuarto bastidor.

3. Separa los dos caballetes y pon encima los tablones para utilizarlos como una superficie de trabajo.

Almacenamiento de semilleros y macetas

Puedes poner unos estantes debajo del banco; utiliza tablones de andamio y bloques de hormigón huecos. Coloca un bloque en cada extremo y pon un tablón encima; repite la operación las veces que haga falta. Tendrás unos estantes muy resistentes ideales para guardar semilleros, bandejas modulares y macetas.

Zona de plántulas

Una vez sembradas las semillas en bandejas y macetas, necesitarás un espacio donde las plántulas puedan germinar y crecer. Te recomiendo comprar un miniinvernadero con estantes de malla o alambre y colocarlo junto al banco de plantación. Si el espacio o el presupuesto son realmente ajustados, busca una bandeja de rejilla y fíjala al techo del politúnel, sobre un bancal elevado.

HERRAMIENTAS

Tener un espacio destinado a las herramientas, para no perder tiempo buscándolas, mejora la eficacia. Yo uso un viejo zapatero que he puesto bajo el banco de plantación para las herramientas manuales. Las herramientas con mangos largos pueden colocarse verticales en el espacio que queda entre el banco y el politúnel.
He hecho una lista con las herramientas y accesorios que considero esenciales (ver derecha).

Herramientas manuales y accesorios clave

Desplantador

Horquilla manual

Navaja de bolsillo

Tijeras de jardín

Tijeras de podar

Hilo de jardín

Etiquetas

Bolígrafo y lápiz

Bloc de notas

Guantes

Azadón manual

Cepillo

Herramientas de mango largo

Cizalla

Pala

Horquilla

Rastrillo

Azada

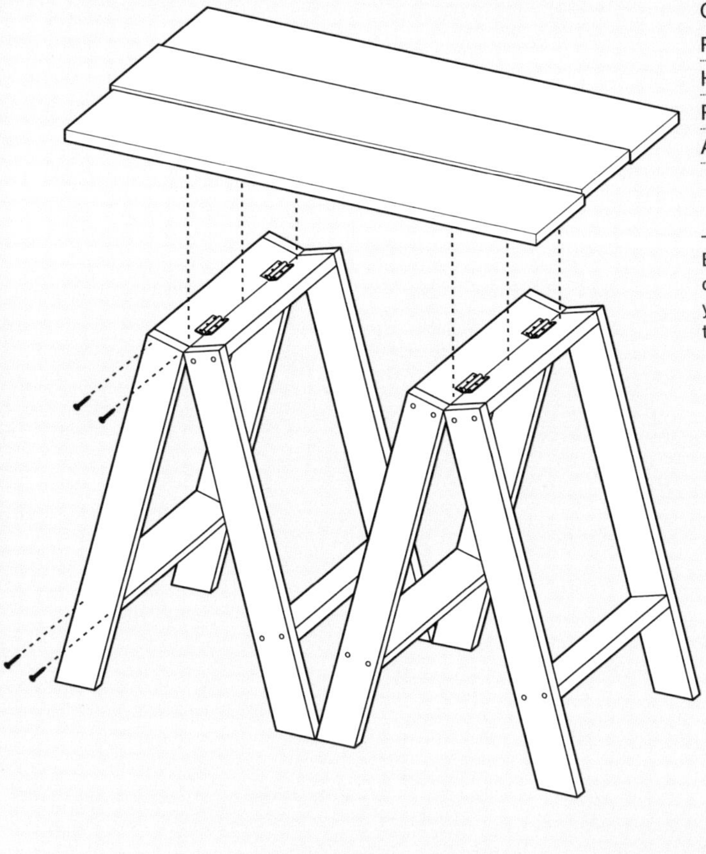

Este gráfico muestra dónde deben colocarse los tornillos de las patas, y también las bisagras. Los tres tablones se colocan encima.

Unidad de riego

Una unidad de riego debe ser sencilla, fácil de usar y accesible en todo momento. El elemento clave es tener un suministro de agua fiable. En nuestro huerto autosuficiente hemos optado por una instalación simple con una gran capacidad de almacenamiento.

FUENTE DE AGUA

Primero, establece la fuente de tu suministro. La mayoría de los hogares y parcelas tienen acceso a la red de agua, pero el agua es un recurso finito, así que recoge el agua de la lluvia siempre que puedas. Dirige el agua que cae del tejado del cobertizo, la casa, el invernadero y el garaje hacia depósitos de agua. Puedes incluso instalar una gran lona para recoger el agua cuando llueva fuerte.

ALMACENAMIENTO DEL AGUA

El agua almacenada es uno de los recursos más importantes del huerto autosuficiente, especialmente en periodos de sequía o cuando se prohíbe usar mangueras. Intenta tener al menos 500 litros de agua (50 regaderas de 10 litros) de reserva para emergencias. Por comodidad y para ahorrar costes, yo uso tanques IBC (depósito de capacidad media) en los que caben 1000 litros (derecha). Puedes apilarlos para doblar la capacidad de almacenamiento ocupando el mismo espacio. Si no tienes acceso a la red de agua, fija la manguera al depósito superior para que fluya por efecto de la gravedad, y guarda el depósito inferior de reserva.

Depósito de doble uso
Usamos la jaula metálica del tanque IBC como celosía para cultivar judías trepadoras. Es decorativo, las plantas se benefician del calor retenido por el agua durante la noche y pueden ponerse ganchos en forma de «S» para colgar utensilios de riego.

Instalación de la manguera
Yo recomiendo invertir en una manguera de 20 m para poder llegar a todos los rincones del huerto. Si instalas un soporte de manguera de pared o valla, ocupará menos espacio y no te tropezarás con ella todo el verano. Debería bastar con una boquilla multifunción, siempre que cuente con un buen difusor para las plantas maduras y un nebulizador para las semillas recién sembradas y las plántulas.

Bidón de plástico
Llena la regadera metiéndola en un bidón con agua un par de segundos en vez de con la manguera. Si tiene tapa evitarás que se desborde. Si quieres ahorrar, puedes usar un cubo de basura de plástico reciclado con tapa.

Regaderas
Si no te apetece desenrollar la manguera para regar una zona pequeña, puedes usar 2 regaderas de 10 litros. También son necesarias si se usan abonos y fertilizantes líquidos (ver pp. 208-211).

Tablones
Guarda algunos tablones de 1 m (los míos son de palés) en la unidad de riego; así podrás colocarlos sobre las hileras de semillas sembradas directamente, para conservar la humedad. Dejar que el suelo se seque puede producir una germinación esporádica, así que uso este «método con tablones» con los cultivos sembrados directamente, como lechugas, zanahorias, chirivías y colinabos, inmediatamente después de regarlos. Retira los tablones en cuanto veas que salen las primeras plántulas.

Lindes y espacios verticales

La mayoría de los huertos son rectangulares y tienen cuatro lindes: una orientada al norte, otra al sur, otra al este y otra al oeste. Es importante que entiendas los beneficios de cada una antes de decidir los cultivos más productivos en cada caso. Puedes usar celosías o estructuras sencillas. Cuando selecciono los cultivos, sigo una guía de plantación muy simple, que tienes en esta tabla.

Aspecto	Luz y calor	Cultivos apropiados
Al sur	Pleno sol, calor	Calabaza, tomates, frutales, bayas trepadoras, hierbas perennes mediterráneas, judías, guisantes
Al este	Sol matutino, tardes más frías	Frutos rojos, ensalada, hierbas anuales
Al oeste	Sol vespertino, noches cálidas	Frutos rojos, verduras perennes, flores
Al norte	Sombreado y frío	Verduras de hoja verde (siempre que el cielo no quede tapado por árboles)

Variaciones de aspecto
Muchas lindes no están bien alineadas con las cuatro orientaciones. Por ejemplo, si un huerto tiene una linde orientada al suroeste o al sureste, la trato como si estuviera orientada al sur porque en ambos casos recibirán sol la mayor parte del día.

Lindes a prueba de conejos
Pon una alambrada hecha para ese fin alrededor del perímetro; colócala 30 cm bajo el nivel del suelo para frenar a los conejos. También puedes doblar hacia afuera los 30 cm inferiores de la alambrada y cubrirlos con una capa fina de tierra. Los conejos siempre cavan junto

a la linde. Con cualquiera de los dos métodos toparán con una barrera de alambre.

CELOSÍAS Y ESTRUCTURAS SENCILLAS

Aunque tu huerto solo esté rodeado por una alambrada, puedes crear una superficie de cultivo en la linde orientada al sur para conservar el calor y aumentar la protección. Para abaratar costes, compra varias celosías de jardín y fíjalas bien a la valla. La altura adicional te permitirá cultivar plantas más altas, como moras o un manzano pequeño.

Valor vertical

Tras el espacio cubierto, el vertical es el siguiente más valioso, ya que aumenta la superficie de cultivo. Por ejemplo, puedes fijar canalones profundos a las vallas y cultivar hojas de ensalada en ellos, dejando espacio libre en los bancales para cultivos que precisan más espacio para las raíces. Construye soportes sencillos, como estructuras en forma de A (imagen inferior), tipis y cercas, para plantas altas como los guisantes y las judías. Las calabazas trepadoras pueden ocupar rápidamente grandes extensiones de terreno, pero también pueden guiarse para que crezcan verticalmente. En el politúnel puedes colgar cestas de la estructura para cultivar tomates de arbusto o fresas.

Marcos fríos

Un marco frío es un espacio adicional muy útil en el que puedes poner bandejas de módulos en las que hayas sembrado semillas y plantas con maceta, hasta que estén listas para ser trasplantadas.

Compost casero

Si transformas el material de desecho en compost dispondrás de una fuente rica, esencial para que los cultivos de tu huerto prosperen. Prepararlo tú mismo, en vez de comprarlo, es una de las mejores cosas que puedes hacer para tener un huerto más resistente.

NECESIDAD ANUAL DE COMPOST

Sin contar recipientes y viveros, nuestro huerto autosuficiente tiene algo menos de 70 m² de bancales. De media, necesitan una capa de 3 cm de compost al año (que se incorpora al final de la temporada de cultivo). Esto garantiza nutrientes y materia orgánica suficientes para un alto rendimiento y equivale a 2100 litros de compost. La mayor parte puede cubrirse con el material de los dos viveros, una vez han sido vaciados (imagen izquierda). Con los tres compartimentos de compost que recomiendo, tendrás suficiente material para cubrir el déficit, llenar

desatornilla un palé para acceder al material.

De tablillas encajables
Este tipo, que se compra en forma de kit, queda bonito y es fácil de montar (imagen en la p. 37). Para acceder al compost, basta con quitar algunas tablillas.

De alambre
Fija alambre de gallinero a una estructura de cuatro postes. Esta opción es muy barata. Deja un lado abierto para llenarlo y para acceder fácilmente al compost.

Con palos
Si en la zona abundan los sauces y los avellanos, puedes hacer un hermoso compostador entretejiendo ramas alrededor de una estructura de ocho o nueve estacas. Accederás al compost por arriba.

Camino compostador
Cubre el camino entre dos bancales con cartón, añade una capa de virutas de madera y amontona el material de desecho encima. Remueve con regularidad con una horca y anda por encima para acelerar la descomposición.

Pila
Si tienes espacio, puedes crear compost sin ninguna estructura. Haz una gran pila con el material; dedica tiempo a removerla con regularidad y a reapilarla.

los recipientes, crear tus mezclas de compost para sembrar/enmacetar e incluso tener algo de excedente para intercambiar.

Cálculos sobre el compost
Para llenar un vivero hacen falta 2000 litros de materia orgánica. Teniendo en cuenta que en la descomposición se pierde un poco más de la mitad de su masa, te quedarán unos 1000 litros.

Para abonar (imagen superior) 1 m² de superficie de cultivo con una capa de 3 cm de compost hacen falta 30 litros de compost.

Tamaño del compostador
Un compostador debe medir al menos 1 m³ para que el calor se acumule y quede retenido en el centro para una descomposición eficaz. En un lapso de entre 6 y 9 meses producirá compost suficiente para abonar entre cinco y seis bancales elevados de 1 m x 3 m al año. Con un compostador más pequeño tendrás que esperar mucho más para tener compost, aunque si remueves de una manera regular el material puedes acelerar el proceso.

La buena circulación del aire también favorece la descomposición y evita que el compost apeste, así que un compostador hecho con láminas de madera, palés o postes y alambre son buenas opciones.

TIPOS DE COMPOSTADOR

De palés
Atornilla cuatro palés en forma de caja y empieza a llenarlo de material. Cuando se haya descompuesto,

LLENADO: VERDES Y MARRONES

Para compostar se usan dos tipos de materiales: verdes (ricos en nitrógeno) y marrones (ricos en carbono). Por cada cubo de material verde que añadas, debes añadir siempre un cubo de material marrón. Con exceso de verde tendrás un compost viscoso (anaeróbico); con exceso de marrón, el proceso se ralentizará mucho. La proporción ideal es 50:50.

Consejo
Si la base del compostador tiene una capa de 5-7 cm de ramas y ramitas mejorarás la circulación del aire y el proceso será más rápido.

Materiales verdes

> Posos de café usados y bolsitas de té sin plástico

> Hierbajos (cabezuelas no)

> Recortes de hierba (sin fumigar)

> Restos de fruta y verdura

> Estiércol de caballo, vaca, conejo y gallina

> Material vegetal recién cortado

> Algas (déjalas antes bajo la lluvia, para eliminar el exceso de sal)

> Restos de pelo

> Lana (de embalajes)

Materiales marrones

> Cartón y periódicos

> Polvo del aspirado

> Astillas y serrín (de madera sin tratar)

> Hojas secas (trituradas con el cortacésped)

> Heno y paja

> Restos leñosos podados en otoño o invierno

> Agujas de pino caídas

> Cenizas de leña

> Pañuelos de papel y papel de cocina

> Compost usado (de macetas de temporada)

Cuando el compostador está lleno
Una vez lleno, echa 4-5 regaderas de agua sobre el contenido, coloca una capa de cartón y pon encima unas cuantas piedras o ladrillos para evitar el exceso de agua de lluvia, que puede retrasar la descomposición.

Para acelerar el proceso de compostaje, remueve la pila cada 6-8 semanas, para incorporar aire y para que el material exterior menos descompuesto vaya a parar al centro. Las pilas de compost se encogen a medida que los materiales orgánicos se descomponen, así que no te extrañe que acabe abultando la mitad de su tamaño original.

Compost listo
El compost está listo cuando la mayor parte del material es de color oscuro y está prácticamente irreconocible. Suele estar lleno de lombrices (imagen inferior opuesta) y de otros organismos beneficiosos. Debe tener una textura grumosa y desprender un agradable olor a tierra mojada. Los pedazos grandes que no se hayan descompuesto del todo pueden separarse fácilmente y añadirse al siguiente compostador.

Las tres reglas para producir un buen compost

> Cuanto mayor sea la variedad de ingredientes que añadas, mayor variedad de nutrientes habrá en el compost.

> Cuanto más pequeños sean los trozos de material verde y marrón, más rápidamente se descompondrán.

> Persevera. El compost casero nunca sobra.

Residuos para compostar

Seleccionar materiales para producir compost es facilísimo. Es cierto que es más fácil conseguir estiércol en el campo, pero en las zonas urbanas hay mucho cartón y muchos posos de café, así como palés para construir el compostador.

Restos vegetales

Algunos de los materiales de compostaje más valiosos, las pieles y los restos vegetales crudos, suelen ir a parar a la basura (imagen derecha). Habla con tus amigos, vecinos y bares locales, y fija una recogida periódica para disponer de una fuente de material rica en nutrientes.

Posos de café

Consíguelos en los bares locales e incorpóralos a la pila con regularidad. Los posos de café, además de ser ricos en nitrógeno, contienen una buena cantidad de nutrientes como el potasio, que mejoran las cosechas. También puedes extender una capa de 2-3 cm alrededor de cultivos maduros como brassicas, frutos del bosque y alcachofas de Jerusalén.

Cartón

El cartón, siempre que no presente una superficie brillante ni esté cubierto de cinta adhesiva, es una de las mejores fuentes de carbono. Es el material marrón perfecto para lograr un equilibrio con los materiales verdes ricos en nitrógeno (ver p. 36). En invierno sirve además para evitar que salgan malas hierbas en el terreno desnudo. Si colocas una capa gruesa de cartón sobre la pila de compost evitarás que esta se empape en exceso, lo que ralentizaría la descomposición. Consíguelo en las tiendas y empresas locales.

Recortes de hierba

El césped, muy habitual en las zonas suburbanas, es una fuente excelente de recortes de hierba ricos en nitrógeno. Consíguelo de vecinos que no usen fertilizantes y añádelo a tu pila de compost en capas de 3 cm. Coloca recortes alrededor de cultivos como los tomates, para retener la humedad y nutrir el suelo.

Virutas de madera

Las virutas de madera son un material ideal para cubrir las zonas de paso. Absorben el agua y evitan que los caminos se embarren. Retíralas cada 2 años e incorpóralas al compostador. Puedes conseguirlas gratis en las podas locales.

Algas

Si vives en una zona costera, recoge un par de bolsas de algas tras las tormentas y añádelas directamente a la pila de compost (infórmate primero de las leyes locales). También puedes extenderlas por los bancales elevados en invierno a modo de mantillo o convertirlas en abono para plantas.

Lana

También puedes añadir a tu compostador este material que libera poco a poco el nitrógeno. O colocarlo alrededor de las plantas jóvenes, para protegerlas de los daños de las babosas, eliminar las malas hierbas y retener la humedad. Contacta con los ganaderos locales y cómprales la lana o intercámbiala por otros productos.

Estiércol de granja

Si tienes acceso al estiércol de caballo mezclado con paja, tienes todo lo necesario para llenar un vivero. El estiércol de caballo, vaca y ave es un material verde excelente para la pila de compost.

Palés

Los palés, que a menudo acaban tirados en la basura, pueden usarse para una gran variedad de proyectos de bricolaje. Con algunas herramientas básicas puedes transformarlos en compostadores, jardineras y armazones para viveros. O usar los tablones para ayudar a germinar las semillas (ver p. 31).

Calendario
de cultivo

Planos mensuales de siembra y cultivo

He dividido la temporada de cultivo del huerto autosuficiente en meses, empezando en marzo y terminando en octubre. Noviembre y los meses invernales van juntos en el mismo apartado. En primavera empieza de nuevo el calendario de cultivo con la segunda temporada. Cada mes incluye un plano del huerto con una clave que indica lo que ya hay o debe trasplantarse en las distintas zonas. Luego se explica en detalle cada zona empezando por el politúnel, donde se siembran las semillas.

DISTRIBUCIÓN

A la derecha tienes el plano del huerto autosuficiente, del tamaño de media parcela (125 m²). En él se señalan las distintas zonas, incluido el politúnel con sus bancales, sus estantes para plántulas y su banco de herramientas y propagación. La zona de cultivo exterior consta de dos viveros, tres bancales cubiertos, seis bancales elevados principales, un bancal de herradura para las hojas de ensalada y el bancal con las hierbas y las flores comestibles. Además, yo cultivo frutos del bosque y algunas verduras en los márgenes, alrededor del perímetro. También tengo un bancal extra «de repuesto» por si me sobra alguna plántula. ¡Cultivo las patatas en macetas e incluso logro sacar una o dos calabazas en el compostador!

El plano del huerto es el mismo en todos los meses de la temporada de cultivo. En las distintas zonas verás círculos con un número, que indican el cultivo concreto que hay plantado en ellas. Algunos cultivos están en el mismo bancal 4 meses o más; otros menos. Si un cultivo se cosecha y se recoge durante el mes, el cultivo que lo sustituye aparece en un círculo gris.

Junto al plano tienes una clave con los números del plano y los correspondientes, cultivos, que se agrupan por zonas de cultivo.

A continuación, describo de forma detallada lo que ocurre en cada zona de cultivo del huerto siguiendo el mismo orden todos los meses, para que resulte más fácil tener claro lo que se ha sembrado, trasplantado y cosechado en el huerto.

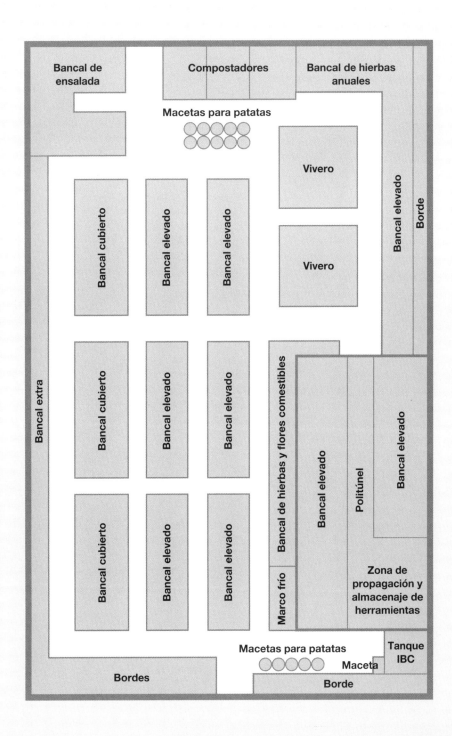

Bancal de ensalada

Compostadores

Bancal de hierbas anuales

Macetas para patatas

Vivero

Vivero

Bancal cubierto

Bancal elevado

Bancal elevado

Bancal elevado

Borde

Bancal extra

Bancal cubierto

Bancal elevado

Bancal elevado

Bancal de hierbas y flores comestibles

Bancal elevado

Politúnel

Bancal elevado

Bancal cubierto

Bancal elevado

Bancal elevado

Marco frío

Zona de propagación y almacenaje de herramientas

Macetas para patatas

Maceta

Tanque IBC

Bordes

Borde

SIEMBRA

Prácticamente todos los meses de la temporada de cultivo siembro semillas en bandejas modulares. Esta información puede estar bajo el politúnel y se presenta en forma de tabla. Junto a cada cultivo aparece la época de siembra, el tamaño de las celdas que se usan, el número de semillas que se siembran en cada celda, la profundidad a la que se siembran, el número de celdas y finalmente el número de semillas que hay que entresacar o aclarar.

Tamaño de las celdas
En cuanto al tamaño de las celdas, la que más uso es la de 4 cm, pero hay otras dos medidas que también son prácticas. Cada una ofrece unas ventajas específicas para el cultivo que se siembra o cultiva en ella.

Profundidad: con sus 10-12 cm de hondo, estas bandejas modulares son ideales para sembrar habas o alubias pintas, que tienen las raíces profundas.

Estándar: (4 cm de diámetro) Es el tamaño de celda estándar y sirve para la mayor parte de los cultivos. Ofrece espacio suficiente para que las plántulas crezcan y se desarrollen fuertes y sin estresarse.

Grande: (7 cm de diámetro) Es ideal para que las plántulas de tomate y calabaza puedan desarrollar algunas hojas maduras y un sistema radicular fuerte antes de que las trasplantes.

Cantidades
En cada tabla recomiendo el número de celdas que debes sembrar y el número de semillas que debes poner en cada una, en «número de celdas» y «semillas por celda» respectivamente. La cantidad de semillas es siempre generosa, ya que tengo en cuenta las que se pierden a causa de una mala germinación o a causa de las babosas tras el trasplante. Espera al menos 2 semanas por si sale alguna otra plántula antes de llenar los huecos y búscales un nuevo hogar.

Plazos
Cada temporada es distinta y es importante comprender que la horticultura está a merced de la naturaleza. Puede haber una helada tardía o el mes puede ser más o menos lluvioso que la media, y hay que adaptarse. El momento en el que hay que sembrar en ese mes en concreto, y el momento en el que hay que cosechar, son todo lo precisos que pueden ser. Están basados en mi experiencia y los ofrezco como guía. Las condiciones pueden variar un poco en tu localidad, pero, aunque a veces un cultivo tarde algo más en madurar, disfrutarás de una deliciosa cosecha. También puede ocurrir que un cultivo esté listo en un tiempo récord.

HUERTO DE 1 M²

A lo largo de una temporada de cultivo pesamos y apuntamos cada cosecha del huerto autosuficiente. Los resultados no solo dinamitaron mi objetivo original, sino que además me dieron mucha información. Como resultado, he podido hacer una guía del huerto de un metro cuadrado (ver pp. 142-145), que calcula la producción prevista por metro cuadrado de todos los cultivos principales, junto con la cantidad de plantas y la producción media por planta. Espero que te ayude a organizar tu espacio y lograr una productividad óptima.

En las páginas siguientes encontrarás el desglose de la producción total del huerto autosuficiente durante su primer año. En marzo empieza la nueva temporada de cultivo.

Cosechas de la primera temporada

Durante la temporada de cultivo, a veces cuesta valorar la cantidad de alimento que produce el huerto. Las cosechas constantes se suceden rápidamente. Yo me quedé asombrado al ver lo que un huerto puede llegar a producir en una temporada. En esta tabla detallo todas las cosechas del primer año de mi huerto. ¡Finalmente superamos nuestras expectativas y obtuvimos casi 600 kg de productos! Te recomiendo que lleves un registro aproximado de los alimentos que cosechas: solo necesitas tener una báscula junto a la puerta del huerto y una libreta. También tú te sorprenderás de lo mucho que sacas.

EXCEDENTES

Si tu huerto produce más comida de la que tu familia consume o conserva, puedes vender el excedente. Pero antes, entérate de las regulaciones locales sobre la venta de productos propios. Te recomiendo que pidas «la voluntad» o una «donación». Mis ventas del excedente de este año han cubierto el coste de mi pedido de semillas, lo cual constituye otro logro autosuficiente.

Cuantos más productos sobrantes vendas, más podrás invertir en el huerto.

COSECHAS EXTRA

Además de las cosechas principales de la tabla, muchos de los cultivos del huerto autosuficiente producen lo que considero cosechas extra, que incluyen las semillas de cilantro, las flores de cebollino y las semillas de judías trepadoras. Ellas solas sumaban un total de 15 kg de comida.

Cultivo	kg	Cultivo	kg
Berenjena	4,3	Espinacas	2,8
Remolacha	30,2	Patatas	21,3
Zanahorias	22,3	Patatas, de contenedores	19,3
Coliflor	7,3	Patatas, nuevas	16,2
Apio (mala cosecha)	0,8	Brócoli morado	3,4
Acelga	6,6	Rábanos	4,3
Chile	0,3	Rábano, daikon	15,3
Judías trepadoras	19,3	Rábano, de invierno	4,1
Calabacín (incluido el centro)	32,4	Ruibarbo	7,9
Pepino (interior)	28,7	Ensalada (bancal de ensalada y vivero)	12,9
Pepino (exterior)	17,1	Chalotas	2,4
Alubias enanas	2,4	Cebollino	1,9
Hinojo	8,6	Colinabo	12,8
Judías verdes	4,2	Tomates	74,1
Ajo	3,3	Col silvestre	6,7
Alcachofas de Jerusalén	29,5	Nabo	3,8
Col rizada	2,8	Col de invierno	14,4
Colirrábano	5,9	Calabaza de invierno	32,3
Puerro	16,6		
Col china	10,9	**Extras**	15
Cebollas	28,4	Bayas	1,9
Pak choi	9	Hierbas, anuales	1,7
Chirivías	10,9	Hierbas, perennes	0,7
Guisantes	9	**Total**	586

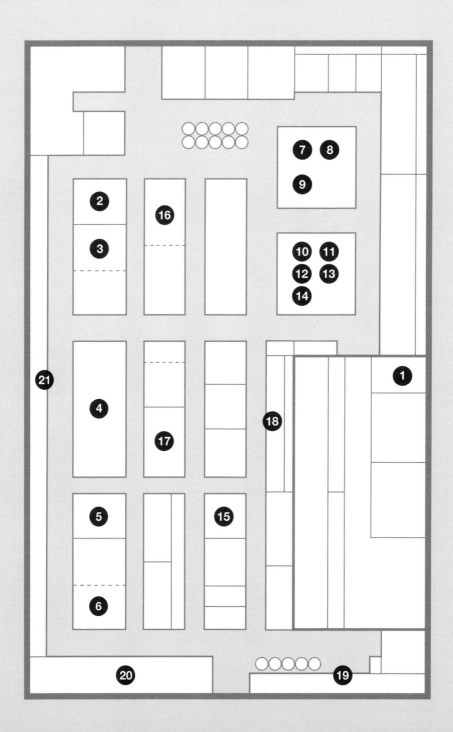

Marzo

Para muchos, marzo es el inicio de la primavera, pero a algunos nos quedan muchas heladas por delante y hay que ser pacientes. Tu prioridad debe ser preparar los viveros. Los primeros cultivos deberían cosecharse en unas 4 semanas, aunque los bancales seguirán produciendo gran cantidad de alimentos en mayo, junio e incluso después. En el politúnel, el cultivo bajo cubierta en módulos empieza en serio en marzo. La primera mitad del mes es tu última oportunidad de trasplantar las perennes nuevas para que se asienten bien. Si construyes un huerto nuevo, intenta terminar todos los proyectos este mes. En abril estarás muy ocupado.

Clave:

Politúnel
1. Cilantro

Bancales cubiertos
2. Patatas nuevas
3. Pak choi
4. Patatas
5. Remolacha
6. Coliflor

Vivero 1
7. Zanahorias
8. Cebolletas
9. Nabos

Vivero 2
10. Guisantes (para brotes)
11. Lechugas
12. Espinacas
13. Rábanos
14. Pak choi

Bancales elevados
15. Ajo
16. Judías verdes
17. Patatas

Bancal de hierbas y flores comestibles
18. Hierbas perennes

Bordes
19. Alcachofas de Jerusalén
20. Frutos del bosque
21. Bancal extra

EN EL POLITÚNEL

Bancales

No se llenarán hasta que haga el calor suficiente para trasplantar los cultivos de verano, como los tomates y los pepinos, en mayo. Aprovecha el espacio para **sembrar** algunas semillas de cilantro, para cosechar hojas en mayo y junio.

En los estantes para plántulas

Este mes, **siembra** cultivos en macetas y módulos para llenar el huerto lo antes posible y para que tenga productos el máximo de tiempo. Consigue estantes adicionales poniendo cuatro postes en uno de los bancales del politúnel y colocando encima un palé o un panel de madera.

Calabacines

Para cosechas tempranas, **siembra** 1 semilla de calabacín a 0,5 cm de profundidad en 3 macetas de 7 cm y entierra a medias estas macetas en uno de los viveros entre dos hileras de cultivos. El calor de la parte inferior hará que germinen rápidamente y tendrás plántulas de calabacín sanas.

Tomates

Siembra los tomates —uno de los principales cultivos— en marzo, usando el calor de la parte inferior del vivero. Te recomiendo que siembres semillas en semilleros estrechos con una capa de compost de 5 cm en la base. **Cúbrelos** con 1 cm de compost y **riégalos** un poco. Pon etiquetas para distinguir las distintas variedades y **colócalas** en uno de los viveros entre dos hileras de semillas ya sembradas. Los semilleros estrechos no bloquearán la luz a las plántulas que salgan.

Cuando les salgan las primeras hojas verdaderas, **entresaca** con cuidado las plántulas de tomate y trasplántalas por la base de las primeras hojas en macetas individuales de 7 cm. Etiqueta todas las macetas y luego vuelve

Cultivo	Semana de siembra	Tipo de celda	Semillas por celda	Profundidad de siembra	Número de celdas	Entresaca a
Remolacha	1	4 cm	4-5	2 cm	20	3-4
Coliflor	1	7 cm	2	2 cm	6	1
Judías verdes	1	Profunda	1	5 cm	40	—
Pak choi	1	4 cm	2	1 cm	20	1
Cebollas (bulbos)	2	4 cm	1	cúbrelas 2/3	120	1
Col china	2	4 cm	2	1 cm	12	1
Espinacas	2	4 cm	2	2 cm	8	1
Alubias enanas	3	7 cm	1	3-4 cm	10	—
Rábano	3	4 cm	3-4	2 cm	8	—
Guisantes	4	4 cm	3	2-3 cm	30	—

a colocarlas en el vivero, medio enterradas. Las noches más frías, **cubre** la estructura de crecimiento y las luces con una alfombra vieja o una manta gruesa, para proteger las plántulas.

Berenjenas y chiles

Si quieres cultivar estos cultivos a partir de semillas, tienes que sembrarlas en febrero. Hazlo la próxima temporada, con la misma técnica de sembrado que has usado con los tomates y aprovechando el calor de los viveros (ver izquierda). Si quieres tener una cosecha de berenjenas y chiles este año, ver Mayo (p. 67); en ese caso te aconsejo comprar plantas jóvenes en un centro de jardinería.

BANCALES CUBIERTOS

En primavera **riégalos** si hace calor, pues se secan muy deprisa. **Destápalos** de día, para que se ventilen y tengan buena circulación de aire.

Patatas

La primera semana de marzo incorpora las patatas nuevas. **Planta** 12 patatas de siembra a 20 cm de profundidad en una cuadrícula de 4 x 3 que ocupe una tercera parte de uno de los viveros. Más adelante, a mediados de marzo, **planta** todo el bancal cubierto del centro con la variedad de patata que hayas elegido. A mí me encanta la Charlotte por su producción regular y su buen

sabor. Planta patatas de siembra a 20 cm de profundidad, cada 35-40 cm, en hileras diagonales a 30 cm entre sí.

A finales de mes **trasplanta** las plántulas de pak choi, remolacha y coliflor (arriba, derecha), que pueden ser aún pequeñas, al bancal cubierto. No hay que endurecerlas porque siguen a cubierto. **Coloca** las plántulas de pak choi cada 15 cm, en hileras en diagonal separadas 10 cm entre sí. Usa igual espaciado para las plántulas de remolacha. Las plántulas de coliflor crecerán mucho más, así que **planta** 4 en un cuadrado, espaciadas 50 cm entre sí, y coloca una quinta coliflor en el centro.

VIVEROS

En marzo es aún invierno en muchos lugares, por lo que es importante mantener las luces del vivero en su sitio, a menos que haga un día cálido. No obstante, siempre que la temperatura exterior sea superior al punto de congelación, puedes abrir el vivero con ayuda de una **cuña** durante 10-15 minutos por la mañana. Así estará bien ventilado, lo que beneficia las plántulas tiernas, como los tomates.

Vivero 1

Llena el bancal (ver p. 20) unos 70 cm la primera semana de marzo, para retener el calor al menos hasta finales de mayo. Dos días después de llenar el bancal, **siembra** zanahorias en las hileras 1, 3, 5 y 7; las cebollas van en las 2 y 6, y los nabos en la 5. Siembra a 2 cm de profundidad.

Vivero 2

Llena este bancal unos 60 cm la segunda semana de marzo, para retener el calor al menos hasta principios de mayo. Una vez lleno, déjalo reposar 2 días y **siembra** lechugas en las hileras 1 y 7; rábanos en las 2 y 6; espinacas en la 3; guisantes para brotes en la hilera 4 (imagen inferior), y pak choi en la hilera 5. Todas las semillas se siembran a 1 cm de profundidad salvo los guisantes, que necesitan una profundad de 2-3 cm. Las semillas germinarán rápidamente al calor de los viveros.

BANCALES ELEVADOS

En marzo es demasiado pronto para plantar la mayoría de los cultivos en bancales elevados, excepto las patatas nuevas, el ajo y las judías verdes. A mediados de marzo **trasplanta** las patatas nuevas a una cuadrícula de 5 x 3 que ocupe la mitad de un bancal (5 patatas de siembra a lo largo) y a 20 cm de profundidad.

Las plántulas de judías verdes deberían estar listas para ser **trasplantadas** sobre la última semana de marzo. **Endurece** las plantas en el marco frío durante 2-3 días antes de espaciarlas a 20 cm en hileras escalonadas separadas 20 cm entre sí.

Debería haber espacio para 30 plantas, o 4 hileras largas con 7-8 plantas cada una.

El ajo es mejor plantarlo en otoño, pero existen variedades que se plantan a principios de primavera. Para 100 dientes de ajo debería bastar con 1 m² del bancal. **Planta** cada diente a 5 cm de profundidad. Deja 10 cm entre los dientes y ponlos en hileras escalonadas separadas 10 cm entre sí.

BANCAL DE ENSALADA

Deja este espacio vacío, pero libre de malas hierbas.

HIERBAS

Anuales
Nada que hacer en marzo.

Perennes
Trasplanta todas las hierbas perennes a su ubicación permanente a finales de mes. Conseguir esquejes de familiares y amigos, por ejemplo de romero (arriba) y tomillo, así como divisiones de hierbas ya asentadas, por ejemplo de hierbabuena y cebollinos, es una forma fantástica y barata de obtener tu propia colección de hierbas. A diferencia de las verduras anuales, estas hierbas no necesitan un puñado de compost en la base del agujero. **Riega** generosamente cada planta o división justo después de trasplantarlas. También hay excelentes vendedores de hierbas que ofrecen variedades inusuales y muy interesantes en internet.

FLORES COMESTIBLES

Si vas a cultivar violas, **mete** las semillas en la nevera a principios de marzo. El frío acelerará la germinación cuando las siembres en abril.

BORDES

Las perennes de los bordes o márgenes se seleccionaron como complemento de los cultivos principales, pensados para ser autosuficientes. Para complementar tus cultivos, **elige** perennes que te gusten de verdad. A mí me encantan las rosas; no solo por su belleza y su fragancia, sino porque nos ofrecen flores y escaramujos comestibles. Pero a lo mejor tú prefieres **cultivar** una magnolia en vez de un rosal, o bien incluir un

manzano enano o plantar
alcachofas.

Alcachofas de Jerusalén

Estos tubérculos (derecha)
deben plantarse a mediados
de marzo. **Cava** un agujero de
unos 20 cm y **añade** un
puñado generoso de compost
o restos de material vegetal
en la base. Luego **coloca** un
tubérculo de lado en el
agujero y rellénalo. Repite
esta misma operación,
espaciando los tubérculos
unos 30 cm, hasta plantar
una hilera de 12-14. A
continuación planta una
segunda hilera siguiendo un
patrón escalonado a 25 cm
de la primera. Deberías
cosechar unos 15-30 kg
de deliciosos tubérculos
durante el invierno.

Frutos del bosque

Queríamos poner ruibarbos,
grosellas y otras bayas en
los bordes, para
complementar los cultivos
principales y aportar dulzor
a los platos. Si tienes
pensado incluir frutos,
trasplanta los arbustos de
grosellas y las coronas de
ruibarbo (imagen superior)
este mes. También es el
momento de poner fresas
jóvenes en los bordes si te
apetecen.

Bancal extra

Tengo un bancal elevado en
el borde que reservo como
espacio para trasplantar
plántulas en la temporada
de cultivo. También es muy
útil si olvidas sembrar algún
cultivo o ves algo que te

encantaría probar pero tienes
el resto del espacio ocupado.

COMPOST

Coloca un recipiente en la
cocina para **recoger** los
restos de verduras y otros
materiales (ver p. 38), para
poder empezar a llenar tu
primer compostador lo antes
posible. El mes de marzo,
antes de que empiece de
lleno la temporada de
cultivo, es un buen momento
para **buscar** nuevas fuentes
de ingredientes para el
compost en tu localidad.
Yo recojo posos de café en
tres o cuatro bares todas las
semanas.

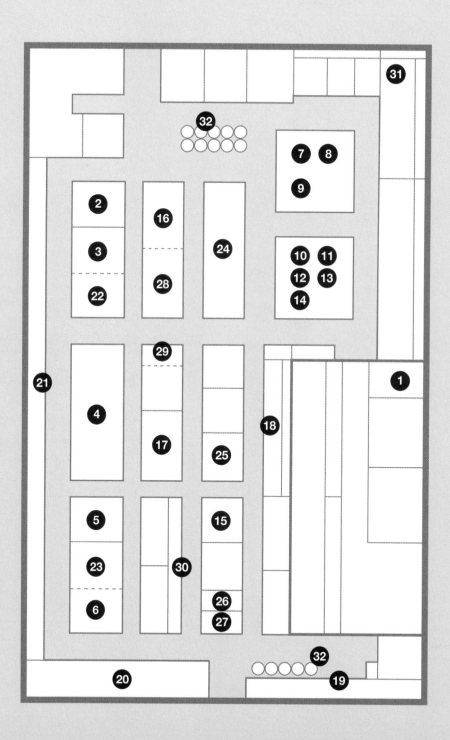

Abril

Abril trae la emoción de tus primeras cosechas. En el segundo vivero están listos los rábanos, los brotes de guisantes, las lechugas y las espinacas. Este mes hay mucho que sembrar, así que, ¿por qué no te asocias con otros horticultores locales para comprar al por mayor un abono universal de buena calidad? Te saldrá más barato y generarás menos residuos de plástico. Ya que abril será un mes ajetreado, conviene que te reserves una hora todos los fines de semana para hacer la lista de tareas de la semana siguiente. Así no olvidarás las tareas importantes... ni las que son algo menos importantes, que, sumadas, pueden marcar una gran diferencia.

Clave:

Politúnel
1. Cilantro

Bancales cubiertos
2. Patatas nuevas
3. Pak choi
22. Calabacines
4. Patatas
5. Remolachas
23. Alubias enanas
6. Coliflor

Vivero 1
7. Zanahorias
8. Cebolletas
9. Nabos

Vivero 2
10. Guisantes (para brotes)
11. Lechuga
12. Espinacas
13. Rábanos
14. Pak choi

Bancales elevados
16. Judías verdes
28. Col china
29. Puerros
17. Patatas nuevas
30. Guisantes
24. Cebollas
25. Chirivías
15. Ajos
26. Espinacas
27. Rábanos
31. Chalotas

Bancal de hierbas y flores comestibles
18. Hierbas perennes

Bordes
19. Alcachofas de Jerusalén
20. Frutos del bosque
21. Bancal extra
32. Macetas para patatas

EN EL POLITÚNEL

Bancales
Riega con regularidad, pero no en exceso, las plántulas de cilantro (izquierda). En general, hay que regar si los 2-3 cm superiores de la tierra/compost están secos. Es importante mantener a

raya las malas hierbas, que ahora irán en aumento.

EN LOS ESTANTES PARA PLÁNTULAS

Los guisantes, alubias, cebollas, rábanos (abajo) y espinacas que sembraste el mes pasado estarán en

Cultivo	Semana de siembra	Tipo de celda	Semillas por celda	Profundidad de siembra	Número de celdas	Entresaca a
Colirrábano	1	4 cm	2	2 cm	20	—
Remolacha	2	4 cm	4-5	2 cm	40	3-4
Hinojo	2	4 cm	2	2 cm	20	1
Guisantes	2	4 cm	3	2-3 cm	80	3
Col silvestre	2	7 cm	2	2 cm	8	1
Pepino	3	7 cm	1	1 cm	8	—
Nabo	3	4 cm	3-4	2 cm	20	3

pleno crecimiento, así que comprueba su humedad.

Siembra las verduras en módulos. Mira en la tabla (izquierda) qué sembrar, cuándo y a qué profundidad.

Apio
Siémbralo a cubierto, pues puede costarle germinar y precisa más calor. Llena un semillero con 6-7 cm de compost y distribuye con cuidado las semillas por la superficie. Deja unos 2-3 cm entre ellas. Presiona un poco las semillas para que se hundan en el compost y rocíalas con agua; no hace falta cubrirlas. Mete el semillero en una bolsa de plástico transparente para crear un invernadero y ponlo en un alféizar cálido a cubierto. Cuando aparezcan las plántulas, quita la bolsa y mantenlas regadas.

BANCALES CUBIERTOS

Trasplanta los calabacines que germinaron en el vivero en marzo. Coloca las dos plantas más fuertes a 75 cm la una de la otra y a 30 cm del extremo del bancal, con las patatas nuevas y el pak choi. A partir de junio, cuando estos bancales están la mayor parte del tiempo destapados, ambas plantas se extenderán hacia la zona de paso, en vez de molestar el resto de los cultivos del bancal. A finales de mes, **trasplanta** las alubias enanas entre la remolacha y

la coliflor, espaciándolas 12-15 cm y en bloques, de modo que los tallos se sostengan entre sí al crecer. Protege los calabacines y las alubias enanas, ya que son delicadas. Estate pendiente del clima y **toma medidas** (ver pp. 212-213) si se prevé una ola de frío.

VIVEROS

Vivero 1
Estimulados por el calor del vivero, las zanahorias, nabos y cebollas crecerán rápido. Vigila el nivel de humedad a partir de la segunda semana de abril y **riégalos** cuando sea necesario. **Cosecha** los primeros nabos si te gustan más bien pequeños.

Vivero 2
Tras recoger los primeros rábanos, **traslada** las macetas con plántulas de tomate al espacio que han dejado libre. Puedes enterrar una tabla unos 5 cm y colocar las macetas encima, para evitar que las raíces de los tomates se extiendan por el compost circundante. Los brotes de guisantes, las lechugas y las espinacas están listas para cosecharse y convertirse en tu primera ensalada casera de la temporada. Riega las plantas cuando sea necesario y los días cálidos **ventila** abriendo las luces o ventanas. Cuando los tomates empiecen a ser demasiado grandes para el espacio de cultivo del vivero,

trasládalos con las macetas a un alféizar soleado a cubierto (el politúnel seguirá siendo demasiado frío).

BANCALES ELEVADOS

En abril cobran vida poco a poco y es emocionante ver salir los primeros ajos tiernos. Ve quitando las **malas hierbas** de los bancales (y del resto del huerto); haz que sea parte de tu rutina semanal, para que no se descontrolen este mes de fuerte crecimiento.

Chirivías
Siembra las chirivías directamente, ya que no se trasplantan bien por su frágil raíz primaria. Haz hileras de 2 cm de profundidad, cada 15 cm, y **siembra** las semillas espaciadas (1 semilla cada 2 cm); cúbrelas y riégalas bien. Las plántulas tardan un poco en salir, así que ten paciencia. Y no dejes que el suelo se seque, ya que ello influiría muy negativamente en la germinación. Usa el método de la plancha para mejorar la tasa de éxito (ver p. 31). Cuando aparezcan las plántulas, **aclárales** a 1 cada 10 cm.

Cebollas
Trasplántalas de los estantes de plántulas cuando las hojas midan unos 10 cm de alto. Ponlos cada 15 cm en hileras escalonadas separadas 10 cm entre sí. No hay que **endurecerlas**.

Guisantes

Primero **haz** una estructura para que las plantas puedan trepar por ella; ten en cuenta la altura de la variedad elegida. Cuando las plántulas alcancen 6-7 cm, **planta** los manojos de guisantes cada 5 cm. Yo cultivo la variedad Oregon Sugar Pod, que solo alcanza 1 m y preparé un enrejado sencillo con palos y cuerda.

Rábanos

Trasplanta las plántulas de rábano de los estantes. Plántalas cada 10 cm y en hileras escalonadas separadas unos 10 cm entre sí.

Espinacas

Cuando tengan algunas hojas verdaderas, **trasplántalas** en 2 hileras. Deja 20 cm entre las plantas, para que crezcan bien y den muchas hojas.

Puerros

Prefiero **sembrarlos** en semillero y no en módulos, y trasplantarlos luego a su ubicación final (el espacio que queda al despejar las coles chinas y las judías verdes en julio). Tardan en madurar, así que siémbralos la primera o segunda semana de abril. Con el mango del rastrillo haz dos hileras de 2 cm de profundidad, cada 15 cm, y **siembra** las semillas más bien juntas (1-2 cada 1 cm). Cúbrelas, etiquétalas y mantenlas bien regadas.

Chalotas

Las cultivo a partir de bulbos. **Planta** los tubérculos donde vas a cultivarlos la primera quincena de abril, enterrándolos dos tercios Deja 10 cm entre los bulbos y haz hileras escalonadas separadas 10 cm.

Col china

Trasplanta las coles chinas al lado de las judías verdes (imagen opuesta). Coloca las plantas cada 35 cm en hileras separadas 35 cm.

BANCAL DE ENSALADA

No hay nada que hacer en el mes de abril.

HIERBAS

Anuales
A mitad de abril, **siembra** las hierbas anuales (albahaca, imagen) en módulos. Además de las del cuadro puedes añadir perifollo y ajedrea de jardín, que se siembran y aclaran como el eneldo.

Perennes
Ahora que las hierbas perennes ya se están asentando en su ubicación, verás que crecen de forma espectacular. Si trasplantaste un manojo de cebollinos en marzo, empieza a **cosechar** unas cuantas hojas este mes y añádelas a las ensaladas.

Cultivo	Semana de siembra	Tipo de celda	Semillas por celda	Profundidad de siembra	Número de celdas	Entresaca a
Albahaca	2	4 cm	5-6	1 cm	40	3
Cilantro*	2	4 cm	5-6	2 cm	20	4
Eneldo*	2	4 cm	4-5	1 cm	10	3
Perejil*	2	4 cm	4-5	2 cm	10	3

* Para ahorrar espacio, estas tres pueden sembrarse en la misma bandeja de 40 celdas.

FLORES COMESTIBLES

Cultivo	Semana de siembra	Tipo de celda	Semillas por celda	Profundidad de siembra	Número de celdas	Entresaca a
Borraja	3	7 cm	2	1 cm	5	1
Caléndula*	2	4 cm	2	2 cm	20	1
Aciano*	2	4 cm	4-5	1 cm	10	3
Viola comestible*	2	4 cm	2-3	1 cm	10	1
Flor de capuchina	2	7 cm	1	3 cm	6	—

* Para ahorrar espacio, estas tres pueden sembrarse en la misma bandeja de 40 celdas.

Este mes **siembra** mis cinco flores comestibles favoritas bajo cubierta. Las semillas de flor de capuchina, borraja y caléndula son fáciles de guardar en otoño, así que no tendrás de comprarlas nunca más. Y si las semillas autoflorecientes salen en lugares inapropiados, **arráncalas** con cuidado con ayuda de un desplantador y **trasplántalas** a otro lugar.

BORDES

Macetas para patatas
Las patatas son un cultivo excelente para cultivar en recipientes; con unas cuantas macetas grandes podrás complementar las cosechas de los bancales. Yo opto por una variedad de ciclo tardío que tarda la mayor parte de la temporada en madurar; cuando las plantas mueren en otoño apilo las macetas. Mi variedad de referencia es la Sarpo Mira por su excelente resistencia a las plagas. Durante el invierno, mete las macetas en un politúnel o cobertizo. Cuando necesites patatas, vuelca una de las macetas y coge su contenido. ¡No hace falta almacenarlas!

Usa recipientes con capacidad para 30-35 litros. Son el mejor tamaño y lo suficientemente ligeros como para poder moverlos por el huerto. Llénalos con un 50 por ciento de tierra, mantillo de hoja o compost usado, mezclado con un 50 por ciento de compost o estiércol bien descompuesto. Si tienes poco compost, mézclalo con un 20 por ciento de hojas de otoño desmenuzadas, algas o recortes de hierba. Planta dos patatas de siembra justo sobre el punto intermedio y luego cúbrelas con la mezcla hecha con el compost, dejando 2-3 cm hasta el borde de la maceta para el mantillo encargado de retener el agua. Como mantillo puedes usar tanto recortes de hierba como virutas de madera. Asegúrate de **regar** bien toda la maceta tras plantarlas; usa al menos 5 litros de agua.

COMPOST

Sigue añadiendo material a tu compostador durante todo el mes. Si no generas suficiente material con tu casa y tu huerto, considera la idea de pedírselo a amigos, familiares, vecinos y colegas.

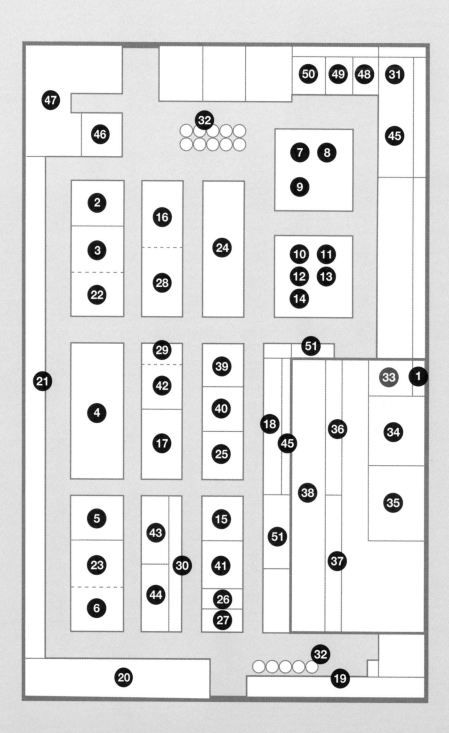

Mayo

Mayo, con el fin de las heladas, es mi mes preferido y un periodo muy dinámico. Las temperaturas suben, los días son más largos y hay muchas plántulas listas para ser trasplantadas. Las primeras cosechas procedentes de los viveros son otro motivo de celebración. Los cultivos, gracias a las temperaturas más altas y al hecho de disfrutar de más horas de luz, crecerán rápidamente. El huerto irá adquiriendo una tonalidad verde y observarás cambios prácticamente a diario. Pero con tanto crecimiento, es importante mantener a raya las malas hierbas, que competirían con las plantas jóvenes por la humedad y los nutrientes.

Clave:

Politúnel
1. Cilantro
33. Cilantro > **Chiles**
34. Berenjenas
35. Pepinos
36. Albahaca
37. Tomates cherri
38. Tomates en rama

Bancales cubiertos
2. Patatas nuevas
3. Pak choi
22. Calabacines
4. Patatas
5. Remolacha
23. Alubias enanas
6. Coliflor

Vivero 1
7. Zanahorias
8. Cebolletas
9. Nabos

Vivero 2
10. Guisantes (para brotes)
11. Lechuga
12. Espinacas
13. Rábanos
14. Pak choi

Bancales elevados
46. Apio
16. Judías verdes
28. Col china
29. Puerros
42. Col silvestre
17. Patatas nuevas
30. Guisantes
43. Remolachas
44. Hinojo
24. Cebollas
39. Nabos
40. Colinabos
25. Chirivías
15. Ajo
41. Colirrábano
26. Espinaca perpetua
27. Rábano
31. Chalotas
45. Guisantes

Bancal de ensalada
47. Hojas de ensalada

Bancal de hierbas y flores comestibles
51. Flores comestibles
18. Hierbas perennes
45. Guisantes
50. Cilantro
49. Perejil
48. Eneldo

Bordes
19. Alcachofas de Jerusalén
20. Frutos del bosque
21. Bancal extra
32. Macetas para patatas

EN EL POLITÚNEL

Bancales
Tomates
A partir de la segunda semana de mayo, **traslada** los tomates en maceta del interior al politúnel. Empieza por el tomate en rama. **Trasplántalos** al bancal de 6 m, en el que cabrán 2 hileras escalonadas de 9 o 10 plantas. Deja 60 cm tanto entre las plantas como entre las hileras. Así tanto la luz como la circulación del aire serán adecuadas, lo que disminuirá el riesgo de enfermedades en verano. Haz un agujero profundo y **añade** dos buenos puñados de compost en la base. Plántalos y **riégalos** bien. Pasados unos días, instala un sistema de espaldera sencillo para sostener las plantas. Ata un trozo de cuerda a la base del tallo, enróllala en espiral alrededor de la planta y ata el otro extremo a una caña horizontal. Usa un nudo corredizo para poder aflojar la cuerda a medida que la planta crezca.

Trasplanta los tomates cherri en macetas al mismo bancal, cada 30 cm. Los agujeros no tienen que ser tan profundos como los anteriores. **Añade** uno o dos puñados de compost en la base del agujero. No necesitan soporte: colgarán por el lateral del bancal.

Albahaca
La albahaca sembrada en abril estará lista para ser **trasplantada** al politúnel entre mediados y finales de mayo. Yo coloco las plantas en una hilera larga en uno de los bancales, para facilitar su recolección. Pon los manojos de plántulas cada 10 cm y riégalos bien. También puedes usar las plántulas de albahaca como **plantas auxiliares** de los tomates, a modo de mantillo vivo.

Cilantro y chile

Extrae la mayor parte de las plantas de cilantro a finales de mes, pero deja algunas en la parte de atrás para que florezcan y den semillas, para aprovechar frescas o secas. A principios de mayo, **compra** plantas jóvenes de chile y a mediados de mayo **trasplántalas** al bancal, cada 40 cm, y riégalas.

Berenjenas

Trasplanta las plantas de berenjena jóvenes que has comprado (izquierda). Ponlas cada 50 cm. Los frutos que darán pesan mucho, así que uso un poste de madera de 1,2 m y clavo unos 30 cm del mismo en el suelo. Y voy atando el tallo con cuerda a medida que va creciendo.

Pepino

Para los pepinos, mi **soporte** favorito es una espaldera en forma de pirámide de 4 cañas de 1,6 m. Habrá espacio suficiente para dos pirámides, que son fáciles de montar y quedan muy bonitas. **Clava** las cañas cada 60 cm, átalas por la parte superior y planta una plántula en la base de cada caña. Es importante regar los pepinos de forma sistemática, ya que el riego irregular puede hacer que tengan un sabor amargo. **Cubre con mantillo** la base de las plantas; usa restos de hierba para que el suelo esté húmedo y la producción sea elevada. También puedes guiar los pepinos para que crezcan en vertical. Usa el mismo método que para los tomates en rama y de colgar (ver Junio, p. 78).

EN LOS ESTANTES PARA PLÁNTULAS

Este mes, además de pepinos, tendrás apio, colirrábano, remolacha, col silvestre, nabos, hinojo y guisantes listos para ser **trasplantados**, dejando espacio para la siguiente tanda de siembra (ver abajo).

Cultivo	Semana de siembra	Tipo de celda	Semillas por celda	Profundidad de siembra	Número de celdas	Entresaca a
Coliflor	1	7 cm	1	2 cm	8	1
Judías trepadoras	1	7 cm	1	3-4 cm	40	—
Calabacín	1	7 cm	2	0,5 cm	6	1
Colirrábano	1	4 cm	2	2 cm	20	1
Brócoli morado	1	4 cm	2	2 cm	8	1
Calabaza	1	7 cm	2	0,5 cm	2	1
Calabaza de invierno	1	7 cm	2	0,5 cm	2	1
Pepino	2	7 cm	2	0,5 cm	6	1
Alubias enanas	2	4 cm	1	2 cm	20	—
Acelgas	3	4 cm	3-4	2 cm	20	3
Rábanos	3	4 cm	3-4	2 cm	40	—

BANCALES CUBIERTOS

No hay mucho que hacer en los bancales cubiertos, salvo **regar** las patatas (izquierda), arrancar las **malas hierbas**, **ventilar** y **cosechar** el pak choi (abajo a la izquierda). Puedes **abonar** los cultivos con fertilizante líquido casero (ver p. 210) cada 2 semanas, para potenciar su crecimiento y su salud.

VIVEROS

Mayo es emocionante, con cosechas abundantes en ambos viveros. Los que tengan estiércol de caballo o algas no necesitan ningún abono adicional, pero si tienen virutas de madera rameal, recomiendo **aplicar abono** líquido casero cada 15 días.

Vivero 1

La segunda quincena tendrás nabos, zanahorias pequeñas y cebolletas; las dos últimas las sacarás sobre todo de aclarar las hileras. **Recoge** primero las más grandes y deja que las pequeñas sigan creciendo para cosecharlas en julio.

Vivero 2

Este mes te da abundantes cosechas. Donde estaban las plántulas de rábano y luego las de tomate, **siembra directamente** otra tanda de rábanos para recoger a principios de junio. Cuando **coseches** espinacas y lechugas (abajo), **recolecta** las hojas exteriores y no toda la planta. Así lograrás algo de espacio, pero la planta seguirá produciendo hojas durante varias semanas.

BANCALES ELEVADOS

Colinabo

Siembra 1 semilla cada 2 cm en zanjas de 2 cm de hondo; con 15-20 cm entre zanjas. Cuando aparezcan hojas verdaderas, acláralos a 1 plántula cada 10 cm, para fortalecer las raíces.

Nabo

Trasplanta las plántulas de nabo al bancal a principios de mayo. Deja 15 cm entre manojos y plántalos en hileras a 10 cm. Puedes **sembrar directamente** en hileras separadas 15 cm.

Colirrábano

Las plántulas, pequeñas, estarán listas para ser **trasplantadas** a finales de mes. Plántalas cada 15 cm, en hileras separadas 15 cm.

Col silvestre

Cuando tengan 4-5 hojas verdaderas, **trasplanta** las cuatro primeras plántulas. Pon en macetas las otras 2. Deja que sigan madurando hasta que retires las plántulas de puerro en julio y plántalas en el espacio que ha quedado libre. El objetivo es tener 2 hileras con 3 plántulas de col silvestre espaciadas 40 cm entre sí y con una separación de 60 cm entre hileras.

Remolacha

Trasplanta los manojos de remolacha durante la primera quincena del mes. Colócalos cada 20 cm en hileras escalonadas separadas 15 cm entre sí (imagen superior).

Hinojo

Endurece las plántulas de hinojo y **trasplántalas** a mediados de mes. Coloca una plántula cada 15-20 cm en 3 hileras escalonadas separadas 15 cm entre sí.

Guisantes

¡Nunca hay demasiados guisantes! Además de los trasplantados en abril (derecha), **trasplanta** unos cuantos más junto a las chalotas. Coloca unos soportes y ve atando las plantas a ellos a medida que crezcan. **Colócalas** cada 7,5 cm en hileras escalonadas separadas 7,5 cm entre sí. Si sobra alguna plántula, puedes **plantarla** entre las hierbas perennes y el politúnel.

Apio

En cuanto las plántulas del alféizar midan 5 cm de alto, planta cada plántula en una **maceta** de 7 cm y colócalas en los estantes del politúnel. **Trasplántalas** a finales de mes, cuando ya no haya riesgo de heladas. Plántalas cada 30 cm en hileras separadas 30 cm entre sí.

Rábanos

Cada vez que cojas rábanos, **llena los huecos**. Procúrate un suministro constante trasplantando 10 manojos de plántulas cada 2 semanas. Para tener otra cosecha, deja que algunas florezcan y den semillas; así podrás añadir flores a tus ensaladas y comer las crujientes vainas verdes.

Ajo

Si has sembrado un ajo de cuello duro, disfrutarás de deliciosos tallos de ajo (tallos florales, arriba) en mayo y principios de junio. Pártelos y dóralos un poco en la sartén para obtener un sabor fantástico. Además, si se los arrancas, la planta puede concentrar su energía en producir bulbos, en vez de hacerlo en la floración.

BANCAL DE ENSALADAS

La segunda semana de mayo, la espera habrá terminado: llega el momento de **sembrar** hojas de ensalada. Pero antes de empezar, déjame darte un consejo: escoge las hojas que más te gusten. A mí me encantan la rúcula y las variedades orientales, pero si no te gustan no las cultives.

El gran bancal de ensalada está pensado para una siembra sucesiva, es decir, que dé cultivos constantes. **Siembra** solo una tercera parte del bancal cada vez. Espera un par de semanas para sembrar otra tercera parte y otras dos para sembrar la parte restante. Las hojas de ensalada pueden volverse amargas en los periodos estivales secos y calurosos, pero si siembras cada 15 días deberías tener hojas frescas hasta octubre. Siembra en hileras de 1-2 cm de profundidad, separadas 15 cm. Y mantén el suelo húmedo, sobre todo hasta que haya germinado.

Cultivos para ensalada

- Cima di rapa
- Achicoria
- Judías verdes (parte superior)
- Komatsuna
- Lechuga (romana, cogollos, mantecosa)
- Mizuna
- Mostaza de hoja
- Guisantes (brotes)
- Rúcula
- Acedera
- Espinacas
- Tatsoi

HIERBAS

Anuales
Eneldo, perejil y cilantro
En cuanto estas plántulas tengan 3-4 hojas verdaderas, **trasplántalas** a los bordes o márgenes. El perejil puede plantarse en un bloque, en hileras y dejando 15 cm entre las plantas. Planta los manojos de plántulas de eneldo y cilantro cada 10 cm en hileras escalonadas separadas 8 cm entre sí.

Perennes
Hierbabuena
Mayo te trae la primera cosecha de hierbabuena trasplantada en marzo. Al **recolectar** hierbabuena deja al menos 5 cm de tallo, para que la planta eche nuevos brotes.

Cebollinos
Cuando las plantas estén en plena producción, ve **cortando** los tallos a medida que los necesites. A finales de mayo, pueden producir hermosas flores moradas (derecha): son comestibles, pero deja siempre algunas para las abejas.

FLORES COMESTIBLES

La segunda quincena de mayo es el momento de **trasplantar** las flores comestibles sembradas en abril. Planta borraja, que es alta, en la parte de atrás, pon flores capuchinas por el borde del bancal y **rellénalo**

con plántulas de caléndula, viola y aciano cada 10 cm. Puedes añadirle interés y algunas flores comestibles más **intercalando** algunos manojos de cilantro o rábano; deja que florezcan y produzcan semillas.

BORDES

Para lograr una explosión de color en los bordes, me gusta plantar guisantes de olor y plantas cosmos, que he cultivado a partir de semillas.

Recipientes para patatas
Ahora saldrán las hojas, así que este mes asegúrate de **regar** bien las plantas. Para añadir colorido sin influir en la cosecha de patata, **planta** una plántula de flor capuchina en un par de las macetas, para que cuelguen por los lados.

Frutos del bosque
Las grosellas y demás bayas florecerán este mes. Para favorecer el desarrollo de los frutos, mantén los tallos libres de malas hierbas. Después de regarlas, cubre el suelo circundante con **mantillo**; coloca una capa de cartón y cúbrela con virutas de madera, para que no salgan malas hierbas el resto de la temporada.

COMPOST

Intenta que el primer compostador esté **lleno** a finales de mes. Si necesitas materiales de desecho adicionales, **consíguelos** de amigos y familiares, o de la comunidad local. Con el compostador lleno, dispondrás de un valioso recurso para tu próxima temporada de cultivo.

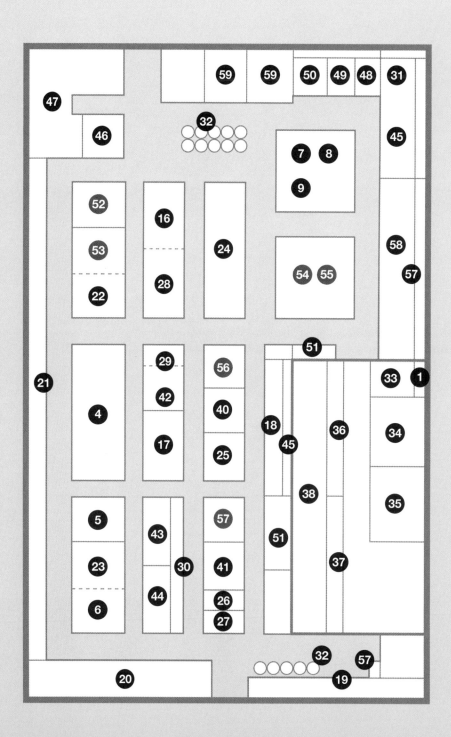

Junio

Nada más empezar junio, puedes estar cosechando fácilmente más de un kilo de deliciosos alimentos frescos al día. Además de verduras verdes, recogerás guisantes, remolachas, calabacines, zanahorias, cebolletas y la primera cosecha de patatas nuevas. Ahora que el riesgo de heladas ha pasado del todo, puedes trasplantar el resto de los cultivos tiernos. Pero asegúrate de que tengan mucha agua durante 1 o 2 semanas, especialmente si el tiempo es cálido y seco. Si en el bancal cubierto todavía queda mucho pak choi, recoléctalo, prepara un kimchi generoso, mételo en la nevera y cómetelo durante los meses siguientes.

Clave

Politúnel
1. Cilantro
33. Chiles
34. Berenjena
35. Pepino
36. Albahaca
37. Tomates cherri
38. Tomates en rama

Bancales cubiertos
52. Patatas nuevas > **Acelga**
53. Pak choi > **Alubias enanas**
22. Calabacín
4. Patatas
5. Remolacha
23. Alubias enanas
6. Coliflor

Vivero 1
7. Zanahorias
8. Cebolletas
9. Nabos

Vivero 2
54. Guisantes (para brotes), Lechuga, Espinacas > **Coliflor**
55. Rábano, Pak choi > **Pepinos**

Bancales elevados
46. Apio
16. Judías verdes
28. Col china
29. Puerros
42. Col silvestre
17. Patatas nuevas
30. Guisantes
43. Remolacha
44. Hinojo
24. Cebollas
56. Nabo > **Colirrábano**
40. Colinabo
25. Chirivía
57. Ajo > **Judías trepadoras**
41. Colirrábano
26. Espinacas perpetuas
27. Rábano
31. Chalotas
45. Guisantes
58. Calabacín

Bancal de ensalada
47. Hojas de ensalada

Bancal de hierbas y flores comestibles
51. Flores comestibles
18. Hierbas perennes
45. Guisantes
50. Cilantro
49. Perejil
48. Eneldo

Bordes
57. Judías trepadoras
19. Alcachofas de Jerusalén
20. Frutos del bosque
21. Bancal extra
32. Macetas para patatas

Compostador
59. Calabaza de invierno

EN EL POLITÚNEL

Bancales
Tomates

Este mes crecen rápidamente. En los tomates en rama, **pellizca** los brotes laterales que crecen a 45 grados del tallo principal, para que la planta se concentre en crecer hacia arriba y dar abundantes racimos de frutos. Con ello también aumentarás la luz y la circulación del aire. Al crecer, sigue **enrollando** los tallos con cuidado alrededor de la cuerda que fijaste en la parte superior de la estructura del politúnel el mes pasado (abajo). Riega los tomates en rama y cherri periódicamente y **abónalos** dos veces a lo largo del mes con abono casero de té o algas (ver p. 210). En vez de albahaca, usa como **plantas auxiliares** claveles de moro, para ahuyentar las plagas y atraer insectos beneficiosos. Además, darán colorido.

Albahaca

En junio estas plantas darán muchas hojas. **Coséchalas** regularmente y mantenlas bien regadas. Siembra directamente las semillas de albahaca o trasplanta las plántulas sobrantes bajo los tomates para prolongar la cosecha.

Pepinos, chiles y berenjenas

Mantenlos bien regados y **abónalos** como los tomates (pepinos a la izquierda).

Cilantro

Las pocas plantas restantes florecerán y luego producirán semillas. Cosecha las semillas verdes y úsalas en encurtidos o en fermentos.

EN LOS ESTANTES PARA PLÁNTULAS

Brócoli morado

Enmacétalo para que las plántulas se desarrollen y luego, el mes que viene, una vez los guisantes estén listos, trasplántalo fuera.

Cultivo	Semana de siembra	Tipo de celda	Semillas por celda	Profundidad de siembra	Número de celdas	Entresaca a
Judías trepadoras (tras cosechar ajo)	1	Profunda	1	3-4 cm	10	—
Col rizada	1	4 cm	2	0,5 cm	20	1
Col de invierno	1	4 cm	2	2 cm	20	1
Hinojo	2	4 cm	2	2 cm	20	1
Col china	2	4 cm	2	1 cm	14	1
Brócoli morado (al politúnel)	2	4 cm	2	2 cm	10	1
Cebolletas	2	4 cm	5-6	1 cm	20	—
Nabo	2	4 cm	3-4	2 cm	10	3
Calabaza de invierno (al vivero)	2	7 cm	2	0,5 cm	2	1
Cilantro y eneldo	3	4 cm	4-6	2 cm	10 en cada	3-4
Alubias enanas	3	4 cm	1	2 cm	40	—

BANCALES CUBIERTOS

Este mes el crecimiento es espectacular en los bancales. Con el fin de la temporada de carestía puedes cosechar las primeras remolachas y disfrutas de tu primera comida a base de patatas nuevas recién recolectadas. Una sola planta producirá unos 500-750 g de patatas, suficiente para 2 raciones generosas. Una vez cosechadas las patatas nuevas, trasplanta los manojos de acelga; colócalos cada 15 cm y riégalos. No olvides **regar** de forma periódica el bancal cubierto de las patatas, para mantener la producción y prevenir enfermedades (roña). A final de mes, **recolectarás** tu primera coliflor y será el momento de **retirar** el pak choi restante y **trasplantar** las alubias enanas sembradas en mayo. Colócalas cada 12-15 cm.

VIVEROS

Vivero 1
Mantén el vivero bien regado y **recolecta** cebolletas y zanahorias todo el mes, pero no eches al compostador la parte superior de todas. Usa algunas para preparar un delicioso pesto para aliñar tus patatas nuevas.

Vivero 2
A principios de junio, el vivero puede haber dado unos 6 kg de ensalada. Ahora, no obstante, las plantas estarán produciendo semillas, así que retira las plantas que queden y ponlas en el compostador. Tendrás espacio para **trasplantar** 4 de las coliflores sembradas en mayo. Ponlas cada 50 cm. Planta 6 pepinos de exterior (derecha, abajo) en el margen que está orientado al norte. Para optimizar la producción, haz hueco para una plántula de calabaza de invierno y deja que cuelgue por el lado del vivero orientado al sur.

BANCALES ELEVADOS

Me encanta ver verdes estos bancales, con sus colinabos y sus chirivías, sus guisantes en abundancia y sus patatas nuevas listas para recolectar una vez se terminen las de los bancales cubiertos. Una de las principales cosechas es el ajo. Tras recoger los bulbos, coloca en su lugar judías trepadoras.

Guisantes
Recolecta los guisantes periódicamente para que las plantas sigan floreciendo y den más vainas. Si las plantas se desparraman, átalas al soporte con cuerda.

Nabo
Cosecha los nabos más grandes primero y deja madurar los más pequeños.

Colirrábano
Recolecta los colirrábanos del tamaño de una pelota de tenis y disfrútalos asados.

Col silvestre
Cosecha este cultivo de rápido crecimiento todas las semanas desde mediados de junio. Riégalo bien.

Espinaca perpetua
Puedes seguir recolectándola, pero recomiendo **dejar** que la planta siga creciendo para obtener dos cosechas: hojas verdes y crujientes tallos dulces. Cosecha algunos tallos por planta y obtendrás una producción continua.

Judías verdes
Coséchalas (abajo) cuando las vainas se hinchen y sean firmes al tacto. Si una planta se inclina, clava unos palos y

átala con cuerda a ellos para mantenerla vertical.

Calabacines
Trasplanta los calabacines sembrados en mayo y ponlos delante de las judías trepadoras, cada 75 cm. Puedes sustituir 2 de las plantas por 2 calabazas de invierno (si no plantaste una en el vivero).

Ajo
Los ajos (derecha) se suelen arrancar en el solsticio de verano. El ajo de cuello duro está listo para ser cosechado cuando las hojas inferiores empiezan a ser amarillas, y el de cuello blando, cuando los tallos empiezan a caerse. **Arranca** con cuidado los bulbos, retira la tierra y átalos en manojos de 6-7 tallos. **Cuélgalos** en el politúnel y déjalos secar 2 semanas; luego consérvalos en un lugar fresco y seco. Usa el espacio libre para **hacer** un tipi y trasplanta las judías trepadoras sobrantes a finales de junio. O siembra 1 judía bajo cada soporte a 5 cm de profundidad.

BANCAL DE ENSALADA

Es hora de **cosechar** las primeras hojas de ensalada. Mantén el bancal muy bien regado para que las plantas sean de buena calidad y para minimizar que se espigue (floración prematura).

HIERBAS

Anuales
Sigue recolectando eneldo, perejil y cilantro cuando los necesites. Luego, hacia finales de junio, **siembra** una nueva tanda de cilantro y eneldo, directamente o en módulos. Sustituirán los cultivos actuales cuando hayan florecido y producido semillas (imagen inferior). El perejil, que es bianual, seguirá produciendo hojas frescas.

Perennes
Recolecta hojas para usarlas en la cocina. Salvo los cebollinos, que deben cortarse por la base para obtener una segunda producción de hojas, el resto de las hierbas perennes seguirán dando enormes cantidades de brotes todo el mes.

FLORES COMESTIBLES

La borraja, la caléndula y la flor capuchina (izquierda) están en plena floración y sus pétalos aportan colorido a tus ensaladas estivales. Las flores atraerán muchas abejas y otros polinizadores, llenando tu parcela de movimiento y sonidos que le inyectarán más vida.

BORDES

Judías trepadoras
A principios de junio, antes de trasplantarlas a una larga hilera, **construye** un soporte en forma de A y ponlo junto al borde encarado al sur. Coloca cañas de bambú en ambos lados de la estructura, cada 30 cm, y **trasplanta** una plántula de judía trepadora en la base de cada caña. Yo reservo algunas para plantarlas en los bordes. Una vez trasplantadas, riégalas bien.

Frutos del bosque
Cosecha las fresas, las grosellas y las grosellas espinosas cuando estén maduras, normalmente hacia finales de mes (dependiendo de la zona). Continúa **recolectando** tallos de ruibarbo (imagen inferior derecha), pero deja al menos el 50 por ciento de la planta intacta. A mí me gusta cocinar y congelar el ruibarbo sobrante para los crocantes invernales. Riega generosamente las plantas, con abono líquido añadido, hacia finales de junio.

COMPOST

Usa el compostador como un bancal adicional y **trasplanta** las 2 plántulas de calabaza de invierno a él. Haz 2 agujeros de 30 x 30 cm en diagonal, opuestos entre sí y hacia las esquinas del compostador. Llénalos de compost, planta las calabazas, presiona el compost y **riégalas** bien. Guía las plantas para que crezcan en direcciones opuestas y obtendrás una gran producción en otoño.

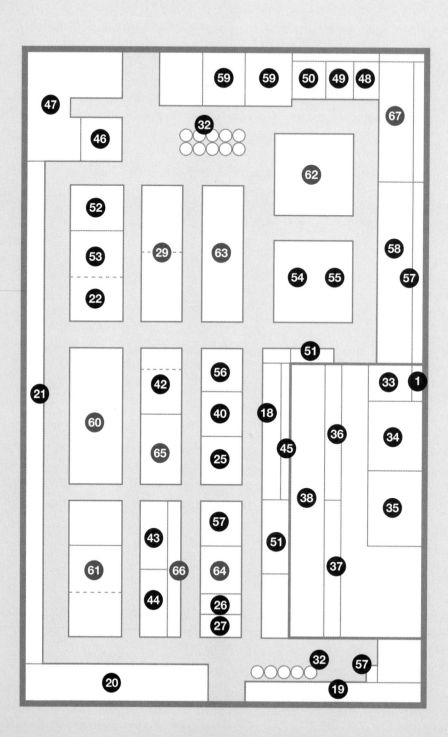

Julio

No tendrás que comprar verduras ni hierbas. Tu huerto producirá muchos más alimentos frescos de los que puedas consumir, y es la época ideal para preparar conservas. Así, en invierno dispondrás de abundantes productos. Puedes asar remolacha y congelarla, escaldar coliflor o preparar kimchi. Para conocer las distintas opciones, consulta el capítulo «En la cocina» y la Tabla de sabores (ver pp. 156-161). Entre las cosechas importantes de este mes están las patatas y las cebollas. También es el inicio de la temporada de tomates. La cosecha de estos alimentos esenciales, junto con la del ajo que arrancaste en junio, es un hito clave en el camino hacia la total autosuficiencia. Julio es asimismo un mes muy colorido en el que los tonos azules, amarillos y naranjas de las flores comestibles destacan entre las distintas tonalidades de verde.

Clave

Politúnel

1. Cilantro
33. Chiles
34. Berenjena
35. Pepino
36. Albahaca
37. Tomates cherry
38. Tomates en rama

Bancales cubiertos

52. Acelgas
53. Alubias enanas
22. Calabacín
60. Patatas > **Remolacha dorada**
61. Remolacha, Alubias enanas,
Coliflor > **Zanahorias**

Vivero 1

62. Zanahorias, Cebollas, Nabos >
Calabaza de invierno

Vivero 2

54. Coliflor
55. Pepinos

Bancales elevados

46. Apio
29. Judías verdes, Col china
> **Puerros**
42. Col silvestre
65. Patatas nuevas > **Col rizada**
66. Guisantes > **Col china**
43. Remolacha
44. Hinojo
63. Cebollas > **Col de invierno**
56. Colirrábano
40. Colinabo
25. Chirivías
57. Judías trepadoras
64. Colirrábano > **Hinojo**
26. Espinacas perpetuas
27. Rábano
67. Chalotas, Guisantes > **Brócoli morado**
58. Calabacín

Bancal de ensalada

47. Hojas de ensalada

Bancal de hierbas y flores comestibles

51. Flores comestibles
18. Hierbas perennes
45. Guisantes
50. Cilantro
49. Perejil
48. Eneldo

Bordes

57. Judías trepadoras
19. Alcachofas de Jerusalén
20. Frutos del bosque
21. Bancal extra
32. Macetas para patatas

Compostador

59. Calabaza de invierno

EN EL POLITÚNEL

Bancales
Tomates

Sigue **cortando** los brotes laterales de los tomates de colgar (abajo). Quita las hojas que estén por debajo del primer ramillete de frutos, para que circule el aire. Disfruta de los primeros tomates maduros en una ensalada con hojas frescas de la albahaca que crece debajo. No olvides echarles **abono** casero de algas o líquido (ver p. 210) cada 15 días para favorecer una buena cosecha. Pon recortes de hierba a modo de **mantillo** alrededor de la base para mantener la humedad del suelo. Esto reduce la probabilidad de que la piel de los tomates se raje.

Pepinos

Ata los pepinos a una estructura en forma de pirámide (izquierda). Cosecha los pepinos maduros. Si cultivas una variedad que también produce flores masculinas (a diferencia de los híbridos, solo femeninos), revísalos dos o tres veces a la semana y quita las flores masculinas, para que no amarguen.

Chiles y berenjenas

Riégalos y abónalos periódicamente. Este mes empezarán a florecer y a producir pequeños frutos.

EN EL ESTANTE PARA PLÁNTULAS

Brócoli morado

A finales de mes, pon el brócoli morado sembrado en junio en macetas de 7 cm. Siembra pak choi.

Cultivo	Semana de siembra	Tipo de celda	Semillas por celda	Profundidad de siembra	Número de celdas	Entresaca a
Pak choi	1	4 cm	2	1 cm	40	1

BANCALES CUBIERTOS

Patatas y remolachas

Un día seco **cosecha** todo el bancal de patatas. Extiéndelas (sin limpiar) sobre un trozo de tela, déjalas fuera y gíralas cada dos horas.

A primera hora de la noche ponlas en sacos de arpillera y guárdalas en un lugar fresco, oscuro y aireado.

Al día siguiente, rastrilla bien el bancal, riégalo bien y añade una capa fina (1-2 cm) de compost si tienes algo a mano. Haz hileras de 2 cm de profundidad separadas 30 cm entre sí a lo largo del bancal y **siembra** la remolacha. Las plantas, que quedan protegidas por la tapa del bancal cuando hace más frío, seguirán creciendo hasta otoño y cosecharás remolachas todo el invierno. No olvides regar los bancales.

Zanahorias

Cosecha las alubias enanas, las remolachas y las coliflores del tercer bancal cubierto y luego **siembra directamente** zanahorias en todo el bancal (imagen inferior). Prepara el bancal, espacia las hileras y hazlas igual de profundas que para las remolachas del apartado anterior. Usa el método de la tabla (ver p. 31) con las zanahorias para mejorar la germinación.

VIVEROS

Vivero 1

Sigue **cosechando** cebolletas y zanahorias. Este mes puedes vaciar todo el bancal de zanahorias o arrancar solo las de las dos esquinas más cercanas a las alubias trepadoras. En su lugar, **planta** las dos calabazas de invierno que sembraste en junio, una en cada esquina.

Vivero 2

Asegúrate de mantener bien regados los pepinos y las coliflores. Puedes **sujetar** los pepinos atando los tallos trepadores a unas cañas o a una malla tensada entre dos postes. Deja los pepinos cerca de los laterales del vivero, para que se extiendan y den frutos.

BANCALES ELEVADOS

Cebollas y coles de invierno

Cosecha las cebollas a finales de julio, cuando los bulbos tienen buen tamaño y las hojas siguen verdes (derecha). Una vez arrancadas, corta los tallos unos 7 cm por encima del bulbo. Si el tiempo es seco, deja las cebollas extendidas

sobre el bancal un día entero y luego recógelas. Deja que sequen bien en los estantes del miniinvernadero o cuélgalas bocabajo entre tablas de madera. Usa las hojas verdes para hacer pesto y congélalo; o trocea los tallos, ponlos en bandejas y en el congelador durante 1-2 horas; guárdalos en bolsas o recipientes. Úsalos para añadir sabor a sopas y guisos en otoño e invierno.

En el espacio que han dejado las cebollas **trasplanta** las coles de invierno sembradas en junio; ponlas cada 40 cm.

Nabos y pak choi
Cosecha los nabos que queden a finales de mes y **trasplanta** al bancal el pak choi sembrado a principios de julio. Coloca las plántulas cada 25 cm, para que tengan espacio, en hileras separadas 20 cm entre sí, y riégalas bien las semanas siguientes. También puedes reservar algunas plántulas, plantarlas entre las coles de invierno y cosechar el pak choi en cuanto las coles de invierno hayan empezado a desplazarlo.

Patatas nuevas y col rizada
Cosecha las patatas nuevas restantes (imagen inferior) y sustitúyelas por la col rizada sembrada en junio. Coloca las plantas cada 35-40 cm en hileras en diagonal; presiona bien la tierra con las manos (o los pies). De este modo ayudarás a que la col permanezca vertical durante las tormentas otoñales e invernales.

Judías verdes y puerros
Acaba de cosechar las judías verdes y echa al compostador las plantas sobrantes. Es el momento de **trasplantar** los puerros sembrados en abril del bancal elevado a este espacio. Arranca las plántulas con una horquilla manual y métalas de inmediato en un cubo con agua. Así se mantendrán hidratadas y te resultará más fácil separar las enredadas raíces. Con un plantador haz agujeros de 15-20 cm de profundidad, uno cada 15 cm. Pon una plántula de puerro en la base de cada agujero.

Riégalas bien sin presionar la tierra. Si la resistencia es menor, los tallos jóvenes crecen mejor. **Trasplanta** las dos coles silvestres restantes al lugar que ocupaban las plántulas de puerro. Luego siembra directamente en el borde del bancal una hilera de cebolletas a 2 cm de profundidad.

Guisantes y col china
Cosecha los últimos guisantes, incluidos los que crecen en el bancal junto a las remolachas y el hinojo. Sustituye estos guisantes por una hilera de plántulas de col china. **Planta** las plántulas cada 35-40 cm y llena los huecos con las restantes. **Quita** los guisantes consumidos que crecen tras las hierbas perennes. Aquí puedes **trasplantar** el resto de las plántulas de col rizada. Ponlas cada 40 cm en la parte posterior. Disfruta de verduras verdes extra en invierno y de nuevas flores comestibles en primavera.

Chalotas, guisantes, brócoli morado
Cosecha las chalotas y los guisantes que crecen junto a la hilera de judías trepadoras. En su lugar, **trasplanta** la primera tanda de brócoli morado, en dos hileras separadas 50 cm.

Colirrábano e hinojo
Cosecha los colirrábanos y usa dicho espacio para **trasplantar** el hinojo que

sembraste el mes anterior en hileras escalonadas. Pon plantas e hileras a 20 cm.

Calabacines
Este mes empieza a **cosechar** los calabacines que crecen debajo de las judías trepadoras. Recoge los frutos pequeños y hazlo a menudo, para disfrutarlos cuando están tiernos.

BANCAL DE ENSALADA

Sigue cosechando las hojas cuando estén listas. Si alguna parece consumida o está empernada, **quítala** y **siembra** semillas nuevas, para disfrutar de un suministro constante. Riega el bancal de ensalada periódicamente para que las hojas sean de buena calidad (cada 2 días cuando el tiempo sea seco).

HIERBAS

El mes de julio puedes relajarte y disfrutar de abundantes hierbas y flores frescas (imagen izquierda). **Recoléctalas** de manera periódica, incluidas las que es probable que hayan florecido y producido semillas, como el eneldo y el cilantro. Usa semillas y flores frescas en la cocina; **reserva** algunas semillas para secar. Para obtener más hojas frescas, quita la mitad de las plantas originales y **siembra directamente** más eneldo y cilantro en su lugar.

FLORES COMESTIBLES

Para mantener la producción y prolongar los vivos colores, **retira** regularmente las flores marchitas de las caléndulas (izquierda).

BORDES

Frutos del bosque
En julio la recolección de la mayoría de los frutos del bosque ya habrá terminado y puedes **preparar conservas** con el excedente (ver p. 182). Pero todavía quedan moras y frambuesas de otoño. Dado que no son plantas que precisen muchos nutrientes, estas bayas no necesitan abono.

Macetas para patatas
Asegúrate de regarlas bien cuando el tiempo sea seco.

COMPOST

Sigue **recogiendo** materiales para llenar un segundo compostador. En julio, el primer compostador con las dos calabazas plantadas el mes anterior estará completamente cubierto de hojas y ramas. **Añade** al primer compostador potenciadores como SMJ (solución microbiana Jadam) o BAL (bacterias del ácido láctico) (ver pp. 208-210), para acelerar la descomposición y para aumentar la aportación de nutrientes destinados a las calabazas.

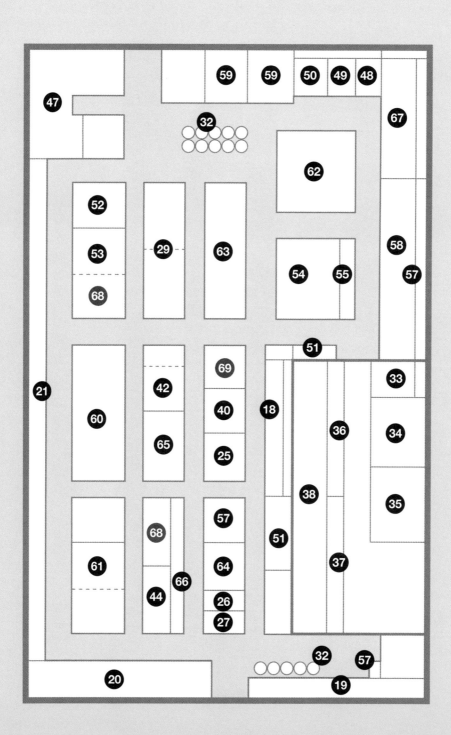

Agosto

En agosto, un mes precioso en el huerto, dedicarás la mayor parte del tiempo a regar lo recién sembrado, a cosechar alimentos deliciosos y a controlar los cultivos del politúnel. Todos los días habrá montones de tomates y pepinos maduros que cosechar y productos con los que preparar conservas para poder disfrutar de los sabores estivales en pleno invierno, como calabacines, judías trepadoras e hinojo. Durante este mes te recomiendo que revises las coles y aniquiles las orugas de la col que encuentres, para que no provoquen una masacre, y que riegues todo el huerto al menos una vez con abono líquido diluido. A finales de verano, las tonalidades rojas y naranjas de las flores de las capuchinas y las calabazas aportan un toque exótico y selvático a ciertas partes del huerto.

Clave

Politúnel

33. Chiles
34. Berenjenas
35. Pepino
36. Albahaca
37. Tomates cherry
38. Tomates en rama

Bancales cubiertos

52. Acelgas
53. Alubias enanas
68. Calabacín > Rábano d**aikon**
60. Remolacha dorada
61. Zanahorias

Vivero 1

62. Calabaza de invierno

Vivero 2

54. Coliflor
55. Pepinos

Bancales elevados

29. Puerros
42. Col silvestre
65. Col rizada
66. Col china
68. Remolacha > **Rábano daikon**
44. Hinojo de Florencia
63. Col de invierno
69. Colirrábano > **Pak choi**
40. Colinabo
25. Chirivías
57. Judías trepadoras
64. Hinojo de Florencia
26. Espinaca perpetua
27. Rábano
58. Calabacín
67. Brócoli morado

Bancal de ensalada

47. Hojas de ensalada

**Bancal de hierbas
y flores comestibles**

51. Flores comestibles
18. Hierbas perennes
50. Cilantro
49. Perejil
48. Eneldo

Bordes

57. Judías trepadoras
19. Alcachofas de Jerusalén
20. Frutos del bosque
21. Bancal extra
32. Macetas para patatas

Compostador

59. Calabaza de invierno

EN EL POLITÚNEL

Bancales
Tomates

Sigue **recolectando** tomates maduros, preferentemente a primera hora de la mañana, para que estén frescos más tiempo, y échales **abono** líquido cada 2 semanas. Los tomates de colgar (abajo y derecha) seguirán dando brotes laterales, así que

córtalos periódicamente. Cuando cosecho tomates, **quito** también las hojas que están bajo el siguiente racimo de frutos. Así consigo una buena circulación de aire y que entre luz suficiente para favorecer la maduración.

Berenjenas, chiles, pepinos
Cosecha las berenjenas, que están ahora en su nivel máximo de producción, y

abónalas como los tomates. **Recolecta** los chiles maduros, pero deja de regar las plantas a partir de la cuarta semana de agosto: cosecharás la mayor parte el próximo mes. Mientras cosechas los pepinos, **quítales** las hojas más viejas para evitar enfermedades y **poda** los brotes secundarios si no disponen de espacio en la pirámide. Corta las

hojas grandes que impidan que el sol llegue a los frutos y riega bien las plantas.

Albahaca

Es vital impedir que la tierra que rodea las raíces se seque, así que **riégalas** bien y quítales las flores, para que las plantas produzcan más hojas.

EN LOS ESTANTES PARA PLÁNTULAS

Brócoli morado

Antes de ponerlas en el lugar que ocupaban los pepinos dentro del politúnel, **pasa** las plántulas de junio a macetas de 10-12 cm. Llena las macetas con tierra del huerto y colócalas en el marco frío. Las plantas preferirán la temperatura exterior, así que deja la tapa abierta.

Cultivo	Semana de siembra	Tipo de celda	Semillas por celda	Profundidad de siembra	Número de celdas	Entresaca a
Rábano de invierno	2	4 cm	4-5	2 cm	40	—
Col de primavera	2	4 cm	2	2 cm	20	1
Acelga	3	4 cm	3-4	2 cm	20	3
Col china	3	4 cm	2	2 cm	20	1

BANCALES CUBIERTOS

Sigue **regando** los bancales y déjalos abiertos día (izquierda) y noche. **Cosecha** las alubias enanas y **arranca** las 2 plantas de calabacín a mediados de mes. Usa el espacio liberado para **sembrar directamente** 4 hileras de 2 cm de profundidad de rábanos daikon. Pon una semilla cada 2 cm y deja 15 cm entre las hileras. **Riégalos** bien y cuando aparezcan las plántulas, entresácalas a 1 planta cada 5-6 cm, para que las raíces tengan espacio para crecer.

VIVEROS

Este mes la única tarea aquí es seguir cosechando.

BANCALES ELEVADOS

Cosecha los cultivos, como el hinojo, cuando los necesites; recolecta primero los especímenes más grandes y deja que los más pequeños se desarrollen. Este mes verás que los cultivos de invierno, como los colinabos y los puerros, maduran rápidamente, al igual que las calabazas.

Aunque el tamaño grande de las plantas ayuda a sofocar las malas hierbas, vale la pena que las **arranques** cada semana para tenerlas a raya.

Remolacha y rábanos daikon

Cosecha las remolachas restantes y siembra cinco o seis hileras de rábanos daikon en el espacio liberado, a igual profundidad y espaciado que en los bancales cubiertos (izquierda). Obtendrás excelentes cosechas invernales con las que preparar kimchi.

Apio
Cosecha el apio trasplantado a finales de mayo y planta allí las plántulas sobrantes.

BANCAL DE ENSALADA

Agosto es ideal para renovar este bancal. **Quita** los cultivos consumidos y añade una capa de 1-2 cm de compost. **Siembra** lechuga de invierno, rúcula, verduras orientales y coles chinas para cosechar en otoño, antes de que las hojas de ensalada de invierno del politúnel estén listas.

HIERBAS

Sigue recolectando hierbas perennes (abajo y derecha) y **siembra** más eneldo y cilantro. Es la última ocasión antes del otoño.

FLORES COMESTIBLES

Sigue quitando las flores marchitas, pero deja que las flores de capuchina sigan produciendo semillas. Recolecta las semillas y consérvalas en vinagre. Puedes usarlas en lugar de las alcaparras.

BORDES

Judías trepadoras
Recoléctalas periódicamente y riégalas.

Frutos del bosque
Pon una malla alrededor de las moras cultivadas antes de que maduren, para que no las picoteen los pájaros. Si no has sembrado ninguna baya, recoge bayas silvestres y congélalas para el invierno.

COMPOST

Nada que hacer aquí.

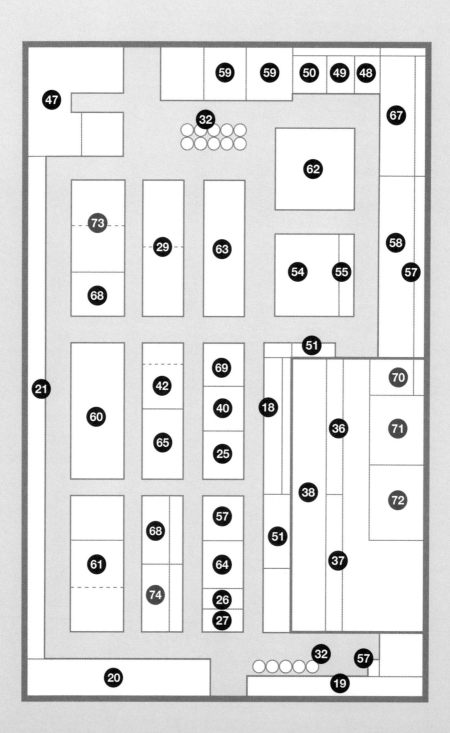

Septiembre

Septiembre trae un clima más fresco y una sensación de calma previos al otoño, pero en el huerto sigue reinando la abundancia. Los chiles están listos para ser cosechados, los tomates siguen madurando, aparecen las primeras calabazas de invierno y te toca trasplantar los últimos cultivos del año. Debes centrarte en la salud de las plantas y el suelo. Te recomiendo fervientemente que añadas SMJ (ver p. 210) donde sea posible, además de aplicar a los bancales abono líquido al menos una vez. Te ahorrarás tiempo si aplicas los dos productos a la vez: empieza por el SMJ y luego cúbrelo de abono, en lugar de diluirlo en agua. Algunas de las hojas más viejas de plantas como las brassicas y las judías trepadoras pueden ponerse amarillas; córtaselas para mantener los cultivos sanos y con buen aspecto.

Clave

Politúnel
70. Chiles > **Acelgas**
71. Berenjenas > **Coles chinas**
72. Pepino > **Brócoli morado**
36. Albahaca
37. Tomates cherri
38. Tomates en rama

Bancales cubiertos
73. Acelga, Alubias enanas
> **Col de primavera**
68. Rábanos daikon
60. Remolacha dorada
61. Zanahorias

Vivero 1
62. Calabaza de invierno

Vivero 2
54. Coliflor
55. Pepinos

Bancales elevados
29. Puerros
42. Col silvestre
65. Col rizada
68. Rábano daikon
74. Col china, **Hinojo de** Florencia
> **Rábano de invierno**
63. Col de invierno
69. Pak choi
40. Colinabo
25. Chirivías
57. Judías trepadoras
64. Hinojo de Florencia
26. Espinacas perpetuas
27. Rábano
58. Calabacín
67. Brócoli morado

Bancal de ensalada
47. Hojas de ensalada

Bancal de hierbas y flores comestibles
51. Flores comestibles
18. Hierbas perennes
50. Cilantro
49. Perejil
48. Eneldo

Bordes
57. Judías trepadoras
19. Alcachofas de Jerusalén
20. Frutos del bosque
21. Bancal extra
32. Macetas para patatas

Compostador
59. Calabaza de invierno

EN EL POLITÚNEL

Bancales

En septiembre, el politúnel es una de las zonas con más actividad del huerto. **Cosecha** los chiles maduros (imagen opuesta), para secarlos o congelarlos, y **recolecta** las últimas berenjenas (abajo) y los últimos pepinos; reserva unos cuantos para preparar conservas y para comer los próximos meses. Usa el espacio liberado para **trasplantar** las acelgas y las coles chinas de los estantes para plántulas, y el brócoli morado del marco frío. Pon las plántulas de acelga cada 15 cm, para obtener hojas más pequeñas en invierno, las de col china cada 35-40 cm y las de brócoli morado cada 40-45 cm. Si te sobra alguna plántula de col china o acelga, **plántala** debajo de los tomates.

Tomates

Sigue **cosechando** los tomates cuando maduren y **cortando** los brotes laterales. Los tipos arbustivos pueden dejar de dar frutos este mes,

así que **arráncalos** y échalos a la pila de compost. Al bajar las temperaturas disminuye la necesidad de riego.

EN LOS ESTANTES PARA PLÁNTULAS

Septiembre es ideal para **sembrar** hojas de ensalada de invierno. En noviembre las trasplantarás al politúnel para sustituir los tomates. La lista incluye mi selección de hojas de ensalada. Tendrás hojas frescas todo el invierno, hasta marzo o abril. En primavera, los viveros empezarán a producir hojas de ensalada. Gracias a dicha combinación tendrás hojas de ensalada todo el año y por tanto alcanzarás la autosuficiencia. Es vital tener una gran variedad de cultivos de ensalada porque sus hojas crecen muy despacio (y a veces no crecen nada en diciembre y enero). Con esta selección y cantidad de hojas de ensalada podrás **cosechar** de todos los tipos sin agotarlas.

Cultivo	Semana de siembra	Tipo de celda	Semillas por celda	Profundidad de siembra	Número de celdas	Entresaca a
Claytonia	2	4 cm	3-4	1 cm	20	—
Cilantro (para ensaladas)	2	4 cm	5-6	2 cm	20	4
Brotes japoneses	2	4 cm	2	1 cm	20	1
Verdolaga	2	4 cm	3-4	1 cm	20	—
Rábano	2	4 cm	3-4	2 cm	20	—
Rúcula	2	4 cm	3-4	1 cm	20	—
Lechuga de invierno	2	4 cm	3	1 cm	20	1
Guisantes (brotes)	3	4 cm	3	2 cm	40	—

BANCALES CUBIERTOS

Cosecha las alubias enanas restantes, luego quítalas y échalas al compostador (abajo). En su lugar **planta** las plántulas de col de primavera que sembraste en agosto; ponlas cada 30 cm en hileras separadas 30 cm. Complementarán las coles silvestres de los bancales elevados y te proporcionarán hojas verdes frescas durante la inminente «temporada de carestía» (ver p. 148). Cierra los bancales cubiertos si la noche es fría (menos de 8 °C).

VIVEROS

Vivero 1
Corta las hojas que impidan la maduración de las calabazas y mantenlas bien regadas.

Vivero 2
Arranca las plantas de los pepinos cuando dejen de ser productivas y **cosecha** las coliflores de tamaño apropiado. No rellenes los huecos. Deja el compost para que se vaya descomponiendo hasta

noviembre, momento en el que limpiarás el bancal y usarás el contenido como mantillo.

BANCALES ELEVADOS

Sigue cosechando pak choi, espinacas perpetuas y judías trepadoras. **Retira** el hinojo restante (imagen derecha). El hinojo, un cultivo ideal para preparar en conserva, está delicioso tanto encurtido

como fermentado, y podrás disfrutarlo desde finales de otoño hasta finales de invierno. **Trasplanta** a su lugar las plántulas de rábano de invierno que sembraste el mes pasado; coloca los grupos cada 25 cm y en hileras escalonadas separadas unos 20 cm entre sí. Al estar bien separadas recibirán más luz y desarrollarán unas raíces de un tamaño considerable

entre finales de otoño y principios de invierno.

BANCAL DE ENSALADA

Cosecha las hojas a medida que las vayas necesitando y echa las plantas que no sean ya productivas al compostador. No **siembres** más cultivos de ensalada fuera, ya que su temporada de cultivo prácticamente ha terminado ya.

HIERBAS

Cilantro y eneldo
Este mes **deja** las plantas en flor (izquierda) en su lugar y no las quites hasta principios de invierno. Así las hierbas producirán semillas que caerán al suelo y acabarán formando un pequeño bosque de plántulas de eneldo y cilantro la temporada siguiente sin que tengas que hacer apenas ningún tipo de

Frambuesas

Cosecha las frambuesas de otoño cuando estén maduras (izquierda) y echa los frutos de mala calidad a la pila de compost.

Macetas para patatas

Puedes empezar a **cosechar** este cultivo en septiembre, especialmente si ves indicios de daños causados por roedores (que yo encontré en una de mis macetas). **Vuelca** las plantas en una carretilla (derecha), recoge los tubérculos y **déjalos secar** en el politúnel un día (dales la vuelta varias veces). Luego mete las patatas en una bolsa de arpillera y guárdalas en un lugar fresco, oscuro y seco.

COMPOST

La actividad alrededor de los compostadores aumentará el mes que viene, pero este mes solo tienes que **seguir añadiendo** cultivos consumidos y desechos del huerto al tercer compostador (el que no tiene plantas de calabaza), así como otros materiales conseguidos en otros sitios.

esfuerzo. Solo tendrás que entresacarlas adecuadamente y llevarlas a otro lugar para **trasplantarlas**.

Borraja, caléndula, flor de capuchina

No quites las flores que estén marchitas y **deja** que las semillas caigan por sí mismas. Cuando aparezcan las plántulas la primavera siguiente, puedes trasplantarlas o ponerlas en macetas e intercambiarlas para ahorrar costes.

BORDES

Fresas

Este mes el resto de los frutos del bosque no requieren cuidados, pero a principios de septiembre es un buen momento para **plantar en macetas** los plantones que crecen en la punta de los estolones. Mantenlos unidos a la planta madre al menos 4 semanas. **Separa** el estolón y plántalo. Los plantones son ideales para intercambiar.

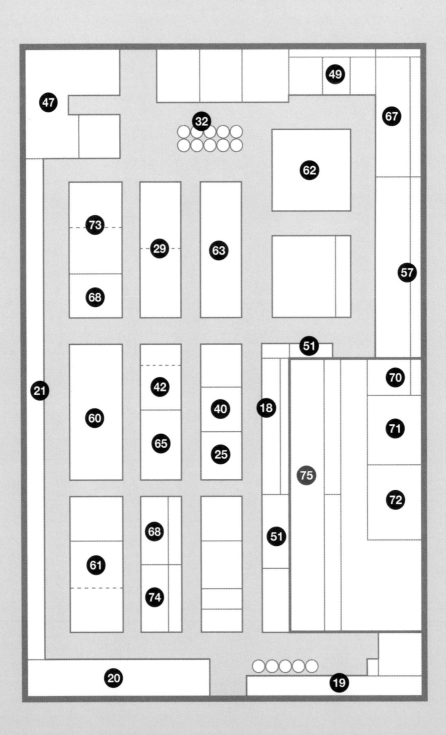

Octubre

Tras el apacible septiembre, llega octubre con noches más frías. Para muchos, el riesgo de heladas significa el fin de la temporada de cultivo. Mantente alerta, toma nota de la previsión meteorológica y por la noche cierra las puertas del politúnel y la cubierta de los bancales para proteger los cultivos tiernos. Los tomates y las judías trepadoras deberían seguir dando frutos hasta finales de mes, y habrá calabazas de invierno y verduras de hoja verde que cosechar. Con menos que hacer y teniendo en mente la autosuficiencia, es el momento ideal para cocinar, preparar conservas y congelar productos. Serás recompensado con un montón de comida para complementar los cultivos de invierno en crecimiento. También es un mes perfecto para dedicarte al compostaje, del que hablo al final de esta sección.

Clave

Politúnel
70. Acelga
71. Col china
72. Brócoli morado
75. Albahaca, Tomate cherri, Tomate en rama > **Ensaladas de invierno**

Bancales cubiertos
73. Col de primavera
68. Rábano daikon
60. Remolacha dorada
61. Zanahorias

Vivero 1
62. Calabaza de invierno

Bancales elevados
29. Puerros
42. Col silvestre
65. Col rizada
68. Rábano daikon
74. Rábano de invierno
63. Col de invierno
40. Colinabo
25. Chirivías
67. Brócoli morado

Bancal de ensalada
47. Hojas de ensalada

Bancal de hierbas y flores comestibles
51. Flores comestibles
18. Hierbas perennes
49. Perejil

Bordes
19. Alcachofas de Jerusalén
20. Frutos del bosque
21. Bancal extra
32. Macetas para patatas
57. Judías trepadoras

EN EL POLITÚNEL

Bancales
Tomates y ensaladas
Sigue **cosechando** tomates hasta final de mes, incluso si están verdes (derecha). Deja que maduren dentro o haz una conserva. A mediados de octubre, **trasplanta** los cultivos de ensalada que sembraste el mes pasado (arriba). A mí me gusta poner algunos bajo las tomateras, añadiendo un puñadito de compost en cada agujero antes de poner la plántula. A finales de mes, corto las tomateras, pero dejo las raíces en el suelo, para que se descompongan y aumenten la fertilidad para las hojas de ensalada. Coloca el resto de las plantas de ensalada aleatoriamente cada 20-25 cm.

EN LOS ESTANTES PARA PLÁNTULAS

Una vez retiradas las hojas de ensalada, los estantes estarán vacíos por primera vez desde marzo. Puedes **desmontarlos** y guardarlos temporalmente para usar el espacio interior como una zona cubierta y protegida para trabajar o para sentarse durante el invierno.

BANCALES CUBIERTOS

Riega las coles de primavera, los rábanos, las zanahorias y las remolachas. Acuérdate de cerrar los bancales por la noche ahora que han bajado las temperaturas.

VIVEROS

Recoge las últimas calabazas (imagen en p. 124). No hay nada más que cosechar en los dos viveros, pero habrán proporcionado más de 45 kg de comida. **Quita** las plantas que queden y deja los viveros vacíos. La materia orgánica seguirá descomponiéndose y podrá usarse como mantillo (ver p. 125).

BANCALES ELEVADOS

Los rábanos de invierno habrán crecido tras la calidez de septiembre, y también los colinabos y puerros (derecha). Yo añado a los bancales una última ración de **abono** líquido diluido en la primera quincena, antes de que se asiente el invierno.

Judías trepadoras

A finales de septiembre ya habrás cosechado casi todas las judías verdes. Deja las vainas restantes en la planta para que se sequen de forma natural. Si las guardas en un recipiente hermético, en invierno tendrás un gran ingrediente para sopas, guisos y estofados. Si el otoño es lluvioso, es mejor cosechar las judías y sacarlas de las vainas (abajo). Extiende las judías sobre una rejilla y déjalas secar al aire 2 semanas en un alféizar

soleado. Luego guárdalas. Reserva unas cuantas para sembrarlas el próximo año.

BANCAL DE ENSALADA

Tras cosechar las últimas hojas de la temporada, **corta** cualquier resto a finales de mes y échalos a la pila de **compost**. Deja las raíces en el suelo para enriquecerlo. Puedes aumentar más su fertilidad sembrando una cubierta vegetal, que lo protegerá en el invierno. Te recomiendo **sembrar directamente** judías verdes (imagen inferior derecha) o

arvejas para fijar el nitrógeno en el suelo, para obtener una mayor producción de hojas de ensalada al año siguiente.

HIERBAS Y FLORES

Quita todas las plantas florales anuales a finales de octubre, pero **recolecta y guarda** las semillas (abajo, izquierda). Extiende las semillas en una bandeja y déjalas en un alféizar soleado dentro de casa durante 2 semanas. Luego guárdalas en sobres de papel con etiqueta. **Composta** el resto del material vegetal.

Perennes

La hierbabuena, la melisa y el orégano empiezan a marchitarse para entrar en un receso invernal. Deja que los tallos se sequen y luego **córtalos** 2-3 cm sobre el nivel del suelo, para mantener en orden el bancal. **Deja** el resto de las hierbas perennes durante el invierno.

BORDES

Alcachofas de Jerusalén
Tras florecer (derecha), empiezan a marchitarse. **Deja** los tallos y no los cortes, para que se puedan

secar completamente. Los tubérculos no estarán listos para ser arrancados y usados hasta noviembre.

Fresas

A finales de mes, **separa** de la planta madre los estolones de las fresas (izquierda) que pusiste en macetas en septiembre. **Plántalos fuera** directamente o **coloca** las macetas en el marco frío durante el invierno, para intercambiarlos o regalarlos la próxima primavera. No olvides **regarlos**.

Macetas para patatas

Si aún no has cosechado las patatas y hay el riesgo de heladas, **trasládalas** al politúnel para que los tubérculos sigan su desarrollo. Las plantas seguirán marchitándose, pero déjalas en las macetas y **cosecha** los tubérculos cuando los necesites.

COMPOST

Una de las mejores formas de aumentar la cantidad de compost es extender las hojas caídas por el suelo y luego pasa el cortacésped por encima. La mezcla resultante de hierba y hojas es una combinación perfecta de verdes y marrones que puedes **añadir** directamente al tercer compostador, que debería estar lleno a finales de octubre. Si plantaste calabazas de invierno en uno de los otros dos compostadores, **coséchalas** este mes y **corona el compostador con material** adicional. Intenta tenerlo bien lleno en diciembre. Una vez lleno, **mezcla** las capas superiores más frescas con el material preexistente.

En cuanto al primer compostador, **examina** el contenido. Si el material original sigue siendo reconocible, **remuévelo** para acelerar la descomposición. Pero si el material está bien descompuesto, **cubre** la pila con cartón hasta que vayas a usarlo.

Los viveros (abajo) son una parte integral del plan de compostaje para el huerto autosuficiente. Te proporcionarán la mayor parte del material necesario para cubrir de mantillo los bancales elevados a finales de otoño o durante los meses invernales. Para recargar su contenido y el de los otros compostadores de bacterias beneficiosas, **retira** el cartón y **empapa** bien las pilas con BAL diluido (ver p. 208). Luego **cúbrelas** con cartón para evitar que se saturen de lluvia. La humedad excesiva ralentizaría el proceso de compostaje.

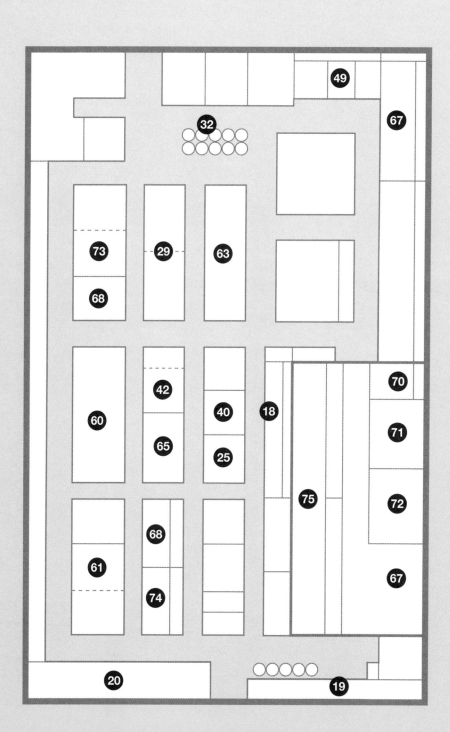

Meses invernales

Suelo bromear diciendo que noviembre es un mes de vacaciones; es el momento de tomarse las cosas con calma. Las plantas o bien han sido eliminadas o van a ser cosechadas durante el invierno y a principios de primavera. En teoría, podrías olvidarte del huerto durante todo el mes; también del politúnel si dejas una rendija abierta. Desde ahora hasta finales de febrero vivirás un periodo tranquilo en el que podrás disfrutar de tus cultivos de invierno, entre ellos puerros, alcachofas de Jerusalén, brassicas, colinabos y chirivías, y sus distintos sabores. También utilizo esta época para empezar a hacer los preparativos de la siguiente temporada de cultivo, poniendo especial atención en la fertilidad del suelo, es decir, añadiendo compost casero a todos los bancales. Asimismo, creo que dedicar una tarde a la semana a leer libros y ver vídeos de horticultura es una buena forma de obtener inspiración y nuevas ideas para la siguiente temporada.

Clave

Politúnel
70. Acelga
71. Col china
72. Brócoli morado
75. Ensaladas de invierno

Bancales cubiertos
73. Col de primavera
60. Remolacha dorada
61. Zanahorias
68. Rábano daikon

Bancales elevados
29. Puerros
42. Col silvestre
65. Col rizada
68. Rábano daikon
74. Rábano de invierno
63. Col de invierno
40. Colinabo
25. Chirivías
67. Brócoli morado

**Bancal de hierbas
y flores comestibles**
18. Hierbas perennes
49. Perejil

Bordes
19. Alcachofas de Jerusalén
20. Frutos del bosque
32. Macetas para patatas

EN EL POLITÚNEL

Los días son más cortos y las temperaturas más bajas, así que los cultivos bajo cubierta necesitan menos agua. Es mejor regar de menos que de más para evitar un exceso de humedad, que puede hacer aparecer moho y que se pudran las plantas. No olvides **ventilar** el politúnel en invierno. Salvo que haya una prolongada ola de frío o esté prevista una fuerte helada, dejo ambas puertas semiabiertas.

En noviembre suelo **regar** bien todas las plantas del politúnel una o dos veces, pero de diciembre a febrero solo una vez al mes, a menos que los 5 cm superiores del suelo estén completamente secos. Te recomiendo que **revises** todas las plantas

y que pongas remedio de inmediato a cualquier plaga o enfermedad (ver p. 146).

Cosecha las ensaladas de invierno cuando las necesites. Toma solo unas hojas de cada planta, para que sigan produciendo (abajo). **Recolecta** las coles chinas a partir de finales de otoño, y el brócoli morado de finales de invierno a principios de primavera. Si trasladaste las patatas en macetas al politúnel, puedes cosecharlas cuando las necesites.

A mediados de febrero **siembra** en módulos para trasplantar a un bancal cubierto en 4-6 semanas. Las cebollas, los guisantes, los rábanos, los nabos, las judías verdes, las remolachas, junto con las coliflores y las coles, darán buena cosecha

durante la «temporada de carestía». Para favorecer la germinación, **coloca** una capa de papel de burbujas alrededor del miniinvernadero, siempre que no tenga ya una cobertura propia.

BANCALES CUBIERTOS

La necesidad de riego baja a partir de noviembre, así que **sigue** el plan de riego del politúnel. Los cultivos de estos bancales son resistentes, pero puedes alargar su productividad si por las noches cubres los bancales y durante el día los **ventilas** manteniéndolos abiertos con una cuña de madera. **Cosecha** rábanos daikon (derecha), zanahorias (abajo) y remolachas cuando las necesites, y deja que las coles de primavera sigan desarrollándose.

VIVEROS

Con una horca levanta y **comprueba** el estado de descomposición del material de los viveros. **Mete** en sacos el que esté compostado para usarlo cuando lo necesites o para extenderlo a modo de mantillo (ver **Aumento de la fertilidad**, p. 131). Si el material no se ha descompuesto lo suficiente, **vacía** un vivero y apila el contenido encima del material del otro. La masa adicional favorecerá la descomposición y pronto tendrás compost para usar como mantillo. En diciembre y enero **recoge** material para los cultivos del próximo año. Busca posibles fuentes de materia orgánica, como estiércol de caballo de unas cuadras locales. **Recoge** y guarda en bolsas las hojas otoñales. Las hojas son una

gran fuente de carbono, así que son ideales para mezclar con estiércol con muy poca paja o con algas, ricos en nitrógeno. Ver pp. 136-137 para consejos sobre sembrar a mediados de febrero.

BANCALES ELEVADOS

Ajo
El momento ideal de **plantar** dientes de ajo es a finales de otoño o principios de invierno (arriba, derecha). Dedica al menos un tercio de bancal a la cosecha del próximo año. Planta los dientes a 5 cm de profundidad y cada 10 cm, en hileras separadas 7,5 cm.

Cosecha el pak choi, las coles chinas restantes (imagen superior opuesta) y parte de los rábanos de invierno a principios de noviembre, y sigue

cosechando la col rizada y la col silvestre. Es posible que a finales de mes los primeros colinabos (imagen inferior opuesta) estén listos para ser recolectados.

Durante el invierno, **recoge** los puerros cuando los necesites y **cosecha** la col rizada, la col silvestre y las chirivías (arriba, izquierda).

BORDES

Las alcachofas de Jerusalén están listas para ser cosechadas, así como las patatas en maceta que crecen fuera.

AUMENTO DE LA FERTILIDAD

El periodo tranquilo que va de noviembre a finales de invierno es el momento

perfecto para **acolchar** los distintos espacios de cultivo con una capa de compost casero, para prepararlos para la próxima temporada de cultivo. El compost aporta valiosa materia orgánica repleta de nutrientes y carbono, que son esenciales para la salud y la fertilidad del suelo. La materia orgánica mejora asimismo la capacidad del suelo para retener el agua, lo que permite que las plantas se mantengan hidratadas más tiempo.

Compost casero
El compost debe estar totalmente descompuesto, tener una textura grumosa y oler a tierra, como el suelo del bosque. **Retira** los trozos grandes de material leñoso o fibroso, como los tallos de brassica, antes de **extender**

el compost como mantillo. No hace falta tamizarlo (solo si se siembran semillas).

Mantillo para bancales elevados con verduras
Extiende una capa de mantillo de al menos 2,5 cm en todos los bancales, incluso los cubiertos y el politúnel. Para cubrir 1 m² necesitarás 25 litros de compost; si la capa es de 3 cm necesitarás 30 litros. Yo uso un cubo de 30 litros para transportar el compost hasta los bancales (imagen opuesta).

Extender una capa de compost por los bancales que están limpios es fácil, pero en algunos todavía habrá cultivos, como coles silvestres y coles rizadas. Te recomiendo que primero **calcules** la cantidad de compost que necesitas para el bancal y que luego lo **distribuyas** uniformemente sobre su superficie y alrededor de las plantas. En el caso de los cultivos de invierno que crecen muy pegados entre sí, como los puerros, no resulta nada fácil, así que espera hasta haberlos cosechado y luego cúbrelos de inmediato con compost.

Si tienes compost de sobra, puedes añadir una capa de hasta 5 cm de profundidad. Si te falta, piensa que incluso una capa de 1 cm será útil. Por cada centímetro de

profundidad que añadas, necesitarás 10 litros de compost más por metro cuadrado. Saberlo te será especialmente útil cuando calcules el compost que tienes que comprar, aunque esperemos que sea una cantidad mínima. Un bancal elevado de tamaño estándar, de 3 m x 1,2 m, necesitará unos cuatro cubos de 30 litros de compost al año.

Mantillo para bancales con perennes
El compost es un recurso muy valioso, así que resérvalo para los bancales con verduras anuales. Para las verduras perennes, las hierbas y los frutos del bosque puedes usar algas, hojas, virutas de madera y estiércol animal bien descompuesto. Estos cuatro materiales seguirán descomponiéndose tras ser aplicados, así que **pon** una capa más gruesa, de al menos 5 cm de profundidad, sobre la superficie. **Colócalo alrededor** de las plantas, pero deja 2 cm sin mantillo alrededor de los tallos, para que haya buena circulación de aire y para evitar que se acumule la humedad.

Estiércol de gallina
Si no dispones de compost casero suficiente para tus bancales, te sugiero que **añadas** estiércol de gallina en pellet. Es una forma

natural y barata de enriquecer el suelo y una solución fantástica a corto plazo. Necesitarás 100 g de pellet por metro cuadrado de terreno y pueden aplicarse en otoño e invierno. **Esparce** el pellet por el suelo y **rastríllalo** ligeramente, pero, como hiciste con el mantillo en los bancales de perennes, **mantenlo alejado** de los tallos de los cultivos que siguen creciendo. En las próximas temporadas de cultivo puedes **aumentar** el suministro de nutrientes cuando la productividad de los bancales sea máxima, a finales de junio/principios de julio, añadiendo otros 50 g de pellet por cada metro cuadrado de terreno.

PLANIFICACIÓN

Durante los meses de otoño e invierno, me gusta analizar la última temporada de cultivo e idear formas para lograr que la siguiente sea todavía más productiva. Dedica tiempo a ajustar tu plan de siembra, investiga sobre nuevas variedades antes de encargar las semillas y busca inspiración en libros y vídeos. Aprender de los éxitos y los desafíos de la temporada anterior es la mejor forma de avanzar en tu camino hacia la autosuficiencia.

La segunda temporada

Ahora que estás familiarizado con la primera temporada de cultivo, dedica tiempo a considerar tu enfoque para la segunda. Repite las técnicas que dieron buen rendimiento la pasada temporada, pero cambia todo lo que no salió según lo previsto. Plantéatelo como una oportunidad para probar otras variedades y aprender técnicas distintas, y así sacar el máximo partido a tu parcela. Para mí, la nueva temporada de cultivo empieza en febrero con la siembra temprana de cultivos en el politúnel y los viveros. Estos cultivos me proporcionarán muchos alimentos durante la llamada temporada de carestía (ver p. 148), en la que casi no hay nada en los bancales exteriores.

PLANTACIÓN

Para disfrutar de cosechas todo el año, lo mejor es confeccionar un plan de plantación mensual. Yo acabo de mostrarte el mío para el primer año del huerto autosuficiente. Al principio de cada mes aparece un gráfico sencillo con los distintos espacios del huerto. Asimismo se indica qué cultivo se cultiva en cada espacio y si dicho cultivo se cosechará y será sustituido por otro. Un plan claro y sencillo puede ayudarte a hacer un buen seguimiento, a ahorrar tiempo y a obtener una productividad óptima en el huerto. Yo he hecho el mío sencillo a propósito, para que resulte fácil seguirlo y consultarlo mes a mes.

Mi objetivo es que para cuando llegue el mes de mayo cada rincón del huerto esté plantado y que siga lleno hasta noviembre. Yo confecciono mi plan con papel y lápiz, ya que siempre hay que hacer ajustes y rectificaciones. No olvides que algunos cultivos del año anterior seguirán ocupando espacio durante la segunda temporada de cultivo. Indícalo claramente en el plan. Para ayudarte a planificar con antelación, encontrarás dichos cultivos en la tabla de la página opuesta y también el momento en que deberías cosechar los últimos. Después podrás limpiar el espacio y dejarlo listo para la siguiente plantación.

Cultivo	Última cosecha
Brócoli morado (bajo cubierta)	Principios de abril
Brócoli morado (bancal exterior)	Principios de mayo
Puerros	Finales de abril
Col rizada	Mediados de mayo (tras sacar los brotes florales)
Col silvestre	Finales de mayo o déjalo en su sitio*
Col de primavera	Mediados-finales de mayo
Ajo	Finales de junio
Ensaladas de invierno (bajo cubierta)	Mediados de abril
Acelga (bajo cubierta)	Mediados de abril

* Si eliminas todos los brotes florales de la col silvestre, seguirá creciendo otra temporada.

PRODUCCIÓN

Cuando hagas el plan de plantación, considera la cantidad de alimentos que pretendes producir en el espacio del que dispones.

Para ayudarte a calcular, he incluido una guía que detalla la producción media y el número de plantas por metro cuadrado (ver pp. 142-144). Las cifras se basan en mis propias cosechas, así que pueden variar un poco. Sin embargo, espero que te sea útil para tu plan y para entender lo que tus cultivos pueden llegar a producir.

EN EL POLITÚNEL

A principios de febrero dedica unas horas a organizarlo todo de cara a la primavera. Revisa las herramientas, organiza las macetas y las bandejas modulares, comprueba que el sistema de riego funciona bien y por último limpia el politúnel con agua templada y jabón por dentro y por fuera, para eliminar los restos de algas y lograr que entre la mayor cantidad de luz. Limpia las cubiertas de los bancales cubiertos del mismo modo.

VIVEROS

Vivero 1
Intenta llenar el primer vivero con material recogido en invierno y sembrarlo a mediados de febrero. En la primera temporada

sembraste los viveros en marzo, pero ahora que están instalados puedes sembrar 2 semanas antes y cosechar tus primeras ensaladas entre mediados y finales de marzo. Sigue la guía para sembrar los viveros del año anterior (ver p. 52, marzo) o escoge entre estos cultivos, que puedes sembrar en febrero: lechuga, rúcula, rábano, espinaca, brotes de guisante, pak choi, cebolletas, remolacha, eneldo, cilantro, zanahoria, acelga y nabo.

No olvides usar el espacio entre las hileras de plántulas, cuando salgan, para germinar cultivos tiernos como las berenjenas, los chiles y los tomates, así como para poner en marcha los módulos con semillas que serán trasplantados a los bancales en marzo y abril.

COMPOST

Las pautas para producir compost durante la segunda temporada son parecidas a las de la primera temporada. Uno de los compostadores debe estar lleno como muy tarde a mediados de mayo, para que puedas plantar una o dos plántulas de calabaza en él en junio y así maximizar el espacio. Ve llenando los otros dos compostadores a medida que consigas material del huerto, la casa, los amigos y la comunidad.

PRUEBAS CON VARIEDADES

Cada huerto refleja el gusto de su horticultor. Si dedicas tiempo a probar distintas variedades para encontrar las que mejor se ajustan a tus necesidades, podrás personalizar tu zona de cultivo. Pero eso no implica usar más espacio. Limítate a sembrar una variedad distinta de chirivía en la mitad de una hilera o planta 10 cebollas de otra variedad. Si la variedad que has plantado no funciona, las pérdidas serán mínimas, pero si funciona mejor conseguirás un beneficio adicional. Con el tiempo, desarrollarás tu propia selección a medida. Animo asimismo a aquellos que tengan una parcela grande a dedicar una zona de 1-2 m² para probar nuevos cultivos.

MEJORA DE HABILIDADES

Adquirir habilidades complementarias es la mejor forma de avanzar hacia la autosuficiencia. Si puedes cultivar alimentos y cocinarlos, podrás preparar platos deliciosos con tus productos frescos. Si aprendes técnicas para conservar los alimentos, además podrás conservarlos. También puedes aprender sobre la lactofermentación antes de que empiece la

nueva temporada. Así podrás procesar las cosechas y disfrutar de alimentos nutritivos en invierno. O apuntarte a un curso de búsqueda de alimentos para descubrir lo que crece silvestre en tu zona.

ESPACIO MULTIFUNCIONAL

Como dice uno de mis refranes hortícolas preferidos, el mejor fertilizante es la sombra del horticultor. Cuanto más tiempo pases en el huerto, más cariño y atención recibirán tus plantas. Si te tomas el té contemplando el huerto, es posible que adviertas los daños causados por las babosas en las ensaladas o que una judía trepadora se ha soltado del soporte. Un huerto, independientemente de lo productivo que sea, debería ser un lugar en el que refugiarse, relajarse y disfrutar del aire libre.

Antes de cada temporada de cultivo, me gusta encontrar algún elemento nuevo que añadir al huerto, para disfrutar más del espacio y hacerlo multifuncional. Una huerta casera es el lugar ideal para realizar distintas actividades. He incluido una lista con algunas ideas, incluidas algunas que pueden adaptarse a los espacios pequeños.

> Barbacoa (derecha)

> Horno para pizza (portátil)

> Rincón de lectura

> Hervidor de agua (abajo)

> Mesa para tomar algo (plegable)

> Baño de hielo en barrica de roble

> Diana y dardos

> Comederos para pájaros

> Caballete para exterior

> Bancal para cortar flores

LLEVA UN REGISTRO DE LO QUE OCURRE

Documentar todo lo que ocurre en el huerto es un hábito fantástico que te ayudará a implicarte y a sentirte incluso más conectado con él. Un diario, una cámara, una cinta métrica y una báscula (para anotar lo que pesan las cosechas) forman el kit perfecto para llevar un registro de tus cultivos. Luego puedes analizarlo todo durante el invierno. Las anotaciones y las fotos te serán de gran ayuda cuando intentes fijarte objetivos o alcanzar tus sueños para la siguiente temporada.

ESPACIO Y PRODUCCIÓN

Esta ficha de producción de los cultivos está pensada para ayudarte a maximizar tus planes de plantación, ya que te muestra el número de plantas que puedes cultivar por metro cuadrado y la producción media que puedes esperar. En la ficha uso los datos extraídos de mis propias cosechas de los últimos años. Debes usarlos a modo de guía, para saber más o menos lo que tu huerto puede producir en un año. Los cultivos de la lista son todos anuales. La lista incluye asimismo cultivos no cultivados la primera temporada del huerto autosuficiente, para que dispongas de información suficiente para cultivarlos.

Nota sobre el espacio de plantación

Las medidas relativas al espacio son un promedio que hace referencia a la plantación en grupos y puede variar ligeramente con respecto a ejemplos concretos del libro. ¡Pero la verdad es que no importa demasiado! La plantación en grupo logra un equilibrio entre el espacio por planta y la producción, ya que deja más espacio, lo que evita el apiñamiento de las plantas y la disminución del nivel de luz. Intenta plantar en hileras escalonadas, dejando el mismo espacio entre las plantas.

Cultivo	Espacio entre plantas e hileras (cm)	Producción por planta (g)	Plantas por m²	Producción media por m² (g)
Berenjena	50	1500	4	**6000**
Albahaca	10	100	20	**2000**
Habas	20	175	20	**3500**
Habichuela	15	90	30	**2700**
Judía verde	20	200	20	**4000**
Judía trepadora	30	550	10	**5500**
Judía verde trepadora	30	375	10	**3750**
Remolacha	20	175	30	**5250**
Brócoli verde, calabrese	50	450	4	**1800**
Brócoli morado	50	400	4	**1600**
Coles de Bruselas	40	1000	6	**6000**
Col de primavera	35	800	7	**5600**

Cultivo	Espacio entre plantas e hileras (cm)	Producción por planta (g)	Plantas por m²	Producción media por m² (g)
Col de verano	40	1200	5	6000
Col de invierno	40	1200	5	6000
Col china	35	800	8	6400
Col silvestre	40	1000	6	6000
Zanahorias	7,5	100	100	10000
Coliflor	50	1500	4	6000
Apionabo	30	750	10	7500
Apio	30	600	10	6000
Acelga	15	350	20	7000
Achicoria	20	225	20	4500
Chiles	40	300	5	1500
Cilantro	10	35	20	700
Calabacines	75	4000	1	4000
Pepinos	30	4000	6	24000
Hinojo	20	225	20	4500
Ajo	10	90	40	3600
Alcachofas de Jerusalén	30	1200	8	9600
Col rizada	30	750	8	6000
Colirrábano	15	225	25	5625
Puerros	15	200	40	8000
Oca (ñame de Nueva Zelanda)	30	400	8	3200
Cebollas	15	250	35	8750
Pak choi	25	350	15	5250
Perejil	15	50	10	500
Chirivías	10	250	40	10000

Cultivo	Espacio entre plantas e hileras (cm)	Producción por planta (g)	Plantas por m²	Producción media por m² (g)
Guisantes	10	150	50	7500
Pimientos	40	300	5	1500
Patatas, nuevas	30	800	7	5600
Patatas, segundas tempranas	30	1200	6	7200
Patatas, de ciclo tardío	40	1800	5	9000
Calabaza	90	5000	1	5000
Rábano	10	20	100	2000
Rábano, daikon	10	250	40	10 000
Rúcula	10	25	40	1000
Salsifí	10	150	40	6000
Hojas de ensalada (lechuga incluida)	10	150	50	7500
Chalotas	10	150	40	6000
Espinacas	10	150	40	6000
Espinacas, perpetuas	20	350	20	7000
Calabaza de verano	90	4000	1	4000
Calabaza de invierno	90	5000	1	5000
Colinabo	15	400	30	12 000
Acelga suiza	20	350	20	7000
Tomates	60	6000	2	12 000
Nabos	15	150	50	7500

Resolver problemas

Tu huerto siempre corre el riesgo de sufrir alguna plaga o enfermedad, pero puedes mitigar los posibles daños tomando medidas preventivas y mejorando la salud del suelo y las plantas. El tamaño pequeño del huerto autosuficiente facilita la detección de las enfermedades y plagas más comunes. En las páginas siguientes describo estrategias para tenerlas controladas.

PLAGAS

Las plagas comunes, en su justa medida, no son malas, ya que atraen insectos beneficiosos, que además de ser esenciales para polinizar los cultivos, se comen otras plagas, lo que mantiene el equilibrio natural.

Babosas
De los dos métodos más eficaces para combatir las babosas, el más fácil es salir al huerto con una linterna y un cubo las noches cálidas y húmedas, y atraparlas con las manos. El segundo implica comprar nematodos, unas diminutas criaturas parásitas que las aniquilan. Si los aplicas al suelo a principios de primavera reducirán drásticamente el número de babosas durante unas 6 semanas, lo que minimizará su efecto.

Oruga blanca de la col
Por más que las cubras con malla, las mariposas ponen sus huevos a través de ella y diezman las brassicas. Yo no las cubro. Prefiero revisar las plantas dos o tres veces a la semana y quitar las orugas que encuentro.

Áfidos y mosca negra
Estos insectos libadores de savia suelen dañar las puntas de las plantas. Las judías pintas y las verdes son atacadas por la mosca negra, pero la mosca verde prefiere los tomates y los cultivos de hoja verde. Ahuyéntalas con un chorro de agua y luego pulveriza las plantas con un jabón vegetal diluido (2-3 cucharaditas de jabón diluido en 300 ml de agua). Aniquilará las que queden sin dañar los insectos beneficiosos.

Aves
A las palomas les gustan las hojas de brassica, pero a las aves propias de los huertos, como los mirlos, les interesan más los frutos del bosque.

La única táctica eficaz contra las aves es cubrir con malla los cultivos; revisa las mallas a diario para ver que ninguna ave haya quedado atrapada.

ENFERMEDADES

Ningún huerto es inmune a los microbios causantes de enfermedades, que viajan por el aire o el agua. La única estrategia eficaz contra ellos consiste en escoger variedades de cultivos resistentes a las enfermedades, aunque también puedes adoptar medidas preventivas como potenciar la salud de tus plantas con modificaciones caseras (ver p. 208).

Tizón
Esta enfermedad fúngica afecta los tomates y las patatas y ataca con calor y humedad. Puede destruir toda la cosecha. Cultiva variedades resistentes al tizón siempre que puedas, no mojes el follaje y asegúrate de que el aire circula bien alrededor de las tomateras.

Mildiú polvoroso
Esta enfermedad también se desarrolla en condiciones húmedas y suele afectar las calabazas, aunque también pueden sufrirla los guisantes. A finales de temporada retira el exceso de follaje de las calabazas y cada 2 semanas pulveriza las hojas restantes por ambos lados con BAL diluido (p. 208).

Roya
Este hongo naranja ataca principalmente habas y ajos. Es muy antiestético, pero no actúa tan rápido como el tizón, así que limítate a retirar las plantas con mucha roya. Aplica BAL (p. 208) a los tallos de puerro afectados a finales de verano/principios de otoño; la roya debería desaparecer al llegar el frío.

ROTAR LOS CULTIVOS

La rotación de cultivos es una técnica bastante compleja para mejorar la salud del suelo y el huerto. Consiste en cultivar grupos de cultivos parecidos cada temporada en un lugar distinto, de forma que no vuelven a su ubicación original hasta pasados 3 o 4 años. El tamaño pequeño y la productividad alta del huerto autosuficiente hacen que la rotación de cultivos sea inviable: en la mayoría de las zonas habrá dos o más cultivos distintos, y no un grupo concreto. Yo me centro en mejorar el suelo y atraer insectos beneficiosos.

FLORES PARA POLINIZADORES

Cultiva sus plantas favoritas y no tardarás en tener tu propio ejército de bichos dispuesto a polinizar tus cultivos y a aniquilar plagas. Una vez atraídos los adultos, estos se reproducirán y sus larvas, especialmente las de los sírfidos, las crisopas y las mariquitas, se zamparán las plagas. Te recomiendo que cultives el máximo número de las hierbas y las flores siguientes.

Hinojo, eneldo y cilantro
Las hojas de estas tres hierbas anuales realzarán tus platos y sus flores atraerán insectos beneficiosos. Deja que parte de ellas produzcan semillas y luego úsalas para cocinar. Reserva unas cuantas para sembrarlas.

Caléndula y clavel de moro
Estas flores naranjas son un imán para los insectos y alegran el huerto. Los pétalos de caléndula saben muy bien en las ensaladas.

Tomillo, mejorana y hierbabuena
Los insectos polinizadores adoran las diminutas flores de estas hierbas aromáticas perennes.

Milenrama
Esta planta no es comestible, pero es fácil de cultivar y sus cabezuelas planas atraen una amplia variedad de insectos beneficiosos.

Ortigas
Deja que crezcan en una esquina para atraer a los áfidos y alejarlos de tus cultivos. Las larvas de mariquita las encontrarán y se comerán esta plaga. Las ortigas son también la fuente de alimento de algunas larvas de mariposa.

La temporada de carestía

Este término describe el periodo de escasez entre el fin de las cosechas invernales y la abundancia estival, desde principios de abril a mediados de junio. Es cierto que la variedad de cultivos de exterior es limitada, pero dada la variedad de productos que crecen a cubierto y de las provisiones congeladas y almacenadas en la despensa, no deberías pasar hambre.

COSECHAS CLAVE DE EXTERIOR

Puerro Elige variedades de empernado tardío para cosecharlos hasta mayo (izquierda).

Ruibarbo Recolecta los deliciosos tallos durante toda la temporada de carestía (abajo, izquierda).

Brócoli morado Corta floretes tiernos en abril-mayo.

Col de primavera Cosecha hojas a partir de abril; las cabezas más pequeñas en mayo y junio.

Ajo Cosecha ajos verdes desde mediados de mayo en adelante y bulbos maduros a finales de junio (derecha, tercera imagen).

Acelga Las plantas de invernadero proporcionarán hojas frescas en abril y mayo, antes de producir semillas.

Col china Corta las cabezas grandes entre mediados y finales de mayo.

Col rizada Recolecta los brotes florales entre abril y mayo.

COSECHAS CLAVE A CUBIERTO (BANCALES Y POLITÚNEL)

Patatas nuevas* Trasplanta las patatas de siembra en febrero para cosecharlas de finales de mayo en adelante (imagen inferior).

Coliflor* Las variedades de rápida maduración sembradas de forma prematura en febrero producirán cabezas alrededor de principios de junio (imagen superior).

Pak choi* Los cultivos sembrados en febrero pueden producir hojas crujientes en tan solo 6 semanas.

Guisantes* Siembra guisantes a principios de febrero para cosechar las vainas a partir de finales de mayo.

COSECHAS CLAVE DE VIVERO

Hojas de ensalada* Si las siembras en febrero serás autosuficiente en ensaladas de abril en adelante.

Zanahorias y remolachas* Siémbralas en febrero y disfruta de deliciosas raíces desde mediados de mayo.

Cebolletas Recoléctalas desde principios de mayo y úsalas con ensaladas y verduras de hoja verde.

COSECHAS CLAVE DE LA DESPENSA

Tomates Los tomates congelados duran muchos meses, así que podrás disfrutar del sabor del verano a principios de primavera.

Cebollas Las cebollas del huerto encurtidas deberían ayudarte a pasar la temporada de carestía (izquierda, segunda imagen).

Calabaza de invierno Las variedades de invierno, como la Blue Hubbard, correctamente encurtidas se conservan al menos 6 meses.

Nota sobre los plazos* Dado que has empezado el huerto autosuficiente en marzo, te recomiendo que siembres los cultivos marcados con * ese mes. En la segunda temporada, sin embargo, una vez que la instalación esté funcionando bien y siempre que dispongas de espacio de cultivo bajo cubierta, puedes sembrar todos esos cultivos un mes antes.

En la cocina

03

Visión general

En la cocina se preparan, conservan y guardan los productos del huerto, para que puedas comerlos todo el año. Aprende a combinar los sabores y los nutrientes, a aprovechar las cosechas y a planificar para disfrutar de comida casera en los meses de escasez. Con técnicas sencillas que aprendí en restaurantes, sabrás preparar los alimentos logrando un equilibrio entre eficacia y disfrute. No se trata solo de comer bien, sino de sacar partido de lo que has cultivado y convertirlo en platos sabrosos.

PROPUESTA

En las páginas siguientes encontrarás muchas recetas deliciosas, empezando con los cultivos con los que es más probable que seas autosuficiente. Vamos a comenzar con ensaladas y sopas, y seguiremos con curris, condimentos, conservas, purés, pastelitos, fermentados, dulces y bebidas. Pero antes de esto me gustaría explicarte algunos conceptos básicos, para que luego puedas aplicarlos y ser creativo en tu cocina.

UTENSILIOS

Las recetas de esta sección precisan solo de utensilios básicos. Lo mínimo indispensable que necesitarás son un par de cazuelas de acero inoxidable o hierro fundido, un cuchillo y una tabla de cortar. También recomiendo una batidora de mano o un robot de cocina, con el que ahorrarás mucho tiempo al preparar purés y pesto. He agrupado los utensilios de cocina en dos listas: la primera incluye el kit básico que necesitas para empezar; la segunda, el equipamiento de cocina ideal e incluye aparatos especializados, como un deshidratador y una pizarra blanca para llevar un registro de lo que tienes almacenado.

Kit básico
> Cuchillo de chef, de 20-25 cm

> Tabla de cortar grande

> Batidora de mano o robot de cocina

> Sartén grande

> Olla grande

> 2 bandejas de horno grandes

> 5 tarros de cristal con cierre hermético de 1 litro

> 5 tarros de cristal con cierre hermético de 5 litros

> Rollo de papel de horno

Kit ideal
> Arcón congelador

> 20 recipientes herméticos de 25 cm aptos para congelar

> 10-15 cajas apilables con rejilla (de alguna tienda local / en línea)

> Pizarra blanca pequeña y rotuladores para escribir en ella

> Deshidratador (para secar productos frescos)

> Frigorífico vertical

> Estantería (para curar/ fermentar/almacenar)

> Mortero y mano

> Medidor de pH

Armario de almacenaje
Guardo los productos que pueden estar a temperatura ambiente, como el vinagre aromatizado, los aceites, los chutneys y el kétchup. También alimentos básicos, como el arroz, los cereales y la pasta, que no caducan en mucho tiempo y pueden comprarse a granel.

> 5 litros de aceite de oliva

> 1 litro de vinagre (de sidra o de vino blanco)

> 1 litro de vinagre oscuro (balsámico o de vino tinto)

> 1 litro de salsa de soja

> 500 g de sal marina

> 10 kg de arroz

> 10 kg de copos de avena

> 10 kg de pasta

> 10 kg de legumbres, como lentejas rojas

> Judías en conserva, como judías pintas

PREPARACIÓN

Una buena preparación es clave para ahorrar tiempo y limitar los desperdicios. Los siguientes consejos pueden aplicarse a la mayoría de las preparaciones, salvo que la receta diga lo contrario.

> No te molestes en pelar las verduras. La piel tiene mucho sabor y nutrientes.

> Lava las verduras con agua templada, no fría. Es más rápido y fácil.

> Al cortar en dados haz piezas de 1 cm; los ingredientes troceados deben ser de 1-2 cm.

> Al usar la prensa de ajos, no peles los dientes: es fácil quitar la piel luego y se limpia más rápido.

> Deja el extremo de la raíz de la cebolla intacto, ya que mantiene unidas sus capas y por tanto te será más fácil cortarla en dados o trocearla.

> Bate las verduras y las hojas sobrantes para preparar un pesto y congélalo para cuando necesites una salsa rápida para la pasta o un aliño.

> Cuando tengas mucha cantidad de algún cultivo, como tomates, haz puré, salsa o sopa y congélalo. Ocupan poco espacio en el congelador y pueden conservarse 6-8 meses.

> Al fermentar productos comprueba con un medidor de pH que son aptos para el consumo.

CONGELACIÓN

Abajo encontrarás varios consejos para congelar correctamente:

> Congela cantidades pequeñas y hazlo poco después de cosechar.

> Divide siempre la comida en raciones (individuales o para dos) antes de congelarla.

> Al etiquetar la comida congelada, pega la etiqueta donde la veas, incluso si está apilada.

> Si congelas la comida en bolsas, coloca las bolsas llenas planas. Una vez congeladas, guárdalas en posición vertical (como los libros en una estantería) para aprovechar mejor el espacio.

Sabores

Los distintos tipos de alimentos pueden clasificarse de acuerdo con su sabor. Dichos sabores interactúan entre sí de diferentes formas. Para mejorar el sabor de tus platos caseros, basta con seguir algunas reglas sencillas sobre el maridaje de sabores.

Hay cinco sabores básicos (derecha). Algunos, como el dulce y el salado (por ejemplo en un caramelo con sal), se potencian entre sí. Otros, como el dulce y el ácido, se compensan, de modo que ambos se vuelven más sabrosos. La limonada sin azúcar, por ejemplo, resulta demasiado ácida. En cuanto entiendas las características de cada sabor, podrás combinarlos con éxito en tus platos.

Esta gráfica circular muestra las interacciones entre los sabores: las flechas oscuras indican los sabores que potencian; las flechas con puntitos, los que compensan. Los sabores que se potencian o se compensan mutuamente, como dulce y especiado, tienen una flecha doble.

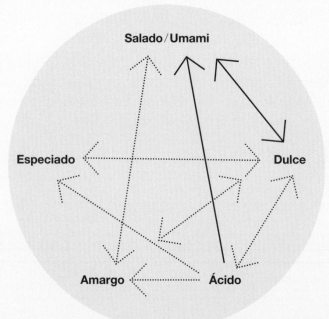

TIPOS DE SABORES

Salado/Umami: *compensa el amargo; potencia el dulce*
Técnicamente, el salado y el umami son sabores distintos, pero muchos ingredientes ricos en uno también lo son en el otro. El umami lo experimentamos cuando detectamos glutamatos, unos aminoácidos.

Salado

Sal

Anchoas

Queso curado

Salsa de soja

Algas marinas

Carnes añejas

Miso

Kimchi

Salsa de pescado

Umami

Setas

Tomates

Miso

Especiado: *compensa el dulce; es compensado por el sabor ácido*
El sabor especiado produce sensación de calor y los platos especiados calientan.

Guindillas (frescas o secas)

Mostaza

Pimienta en grano

Rábanos

Wasabi

Raíz de jengibre

Amargo: *compensa el dulce; es compensado por el salado/umami y ácido*
Usados bien en pequeñas cantidades, los ingredientes amargos pueden transformar un plato, pero en exceso pueden ser contrarrestados por los sabores dulce, ácido y umami. Los alimentos con taninos, como el vino tinto y el té, también pertenecen a esta categoría.

Café

Chocolate negro/cacao

Pomelo

Cerveza

Brócoli

Col rizada

Espinacas

Diente de león

Achicoria

Quimbombó

Melón amargo

Ácido: *compensa el sabor especiado y el dulce; potencia el salado/umami*
Estos ingredientes, también llamados agrios, intensifican el sabor. Muchos alimentos ácidos han sido fermentados.

Frutos cítricos

Vinagres (de vino tinto, blanco, de manzana, de pera, de malta, de Jerez, balsámico y de arroz)

Yogur

Crema agria

Queso de cabra o de oveja

Verduras encurtidas

Tomates

Bayas (moras negras y rojas/grosellas blancas)

Dulce: *compensa los sabores ácido, amargo y especiado; potencia el salado/umami*
Además de los alimentos obvios, también hay algunos tubérculos que saben dulce, como las zanahorias.

Miel

Azúcar

Bayas (fresas y arándanos)

Zanahorias

Calabaza

Remolacha

Boniatos

Chirivías

Grasa
Las grasas como la nata, el yogur, la *crème fraîche*, la leche, el aceite y la mantequilla, aunque no se incluyen en la tabla de sabores, potencian el sabor de los ingredientes y captan los aromas que de otro modo se perderían.

TABLA DE SABORES

Esta tabla detalla el sabor clave de cada ingrediente que cultivamos en nuestro huerto autosuficiente y las técnicas que pueden usarse con ellos. Busca el ingrediente que quieras usar y lee lo que pone para conocer sus principales características y la mejor forma de prepararlo. La tabla también te ayudará a descubrir los sabores con los que combina bien.

Ingredientes (sabrosos)	Sabor	Crudo	Escaldado	Al vapor	A la brasa
Berenjena A	Cremoso*	—	3 min (dados, congelar)	10 min (1 cm grosor)	12-16 min (1 cm grosor)
Remolacha A	Dulce	Hojas superiores y bulbo rallado	20-40 min (según tamaño)	30 min (dados de 1 cm)	8 min (en juliana 2 cm)
Habas B/C	Dulce (algo amargo)	Solo muy jóvenes	2 min (para congelar)	3-4 min (sin vaina)	2-3 min
Brócoli, morado	Amargo	Sí y las hojas también	2-4 min	4-5 min	5-7 min
Alubias enanas/ de arbusto B/C	Dulce (algo amargo)	Retira la punta dura	1 min (para congelar)	3 min	2-3 min
Coliflor A	Dulce	Hojas pequeñas	2 min (cabeza cortada en ocho)	7 min (ramilletes)	5 min
Zanahoria (enana) A	Dulce	Hojas superiores y raíz rallada/rodajas	2-3 min (rodajas de 5 mm de grosor)	10-12 min (cortadas a lo largo)	5-6 min (rodajas 1 cm)
Apio B/C	Salado	Sí	3 min	4-5 min	—
Acelga B	Amargo	En tiras/triturada	30 seg-1 min	1-2 min	—
Achicoria C	Amargo	Sí (como lechuga)	2-3 min	5-6 min (entera/ cortada en mitades)	10 min (cortada por la mitad, boca abajo)
Chile (jalapeño) C	Especiado	Sí	—	—	3 min (entero o rodajas)
Nabo de grelo B	Amargo (suave)	Sí (hojas)	2-3 min	3-4 min	3-4 min
Judías verdes redondas B	Dulce	—	3 min	5 min	6-7 min
Calabacín B	Cremoso*	Sí (joven)	3-5 min (1 cm grosor)	5 min (rodajas 1 cm)	8 min (rodajas 1 cm)
Cucamelón	Dulce	Sí	—	2 min (rodajas 1 cm)	—
Pepino C	Dulce	Sí	—	2 min (rodajas 1 cm)	2-3 min (rodajas finas)

Notas sobre los sabores

A, **B** o **C** indican que es un ingrediente principal. Cuando prepares un plato, usa uno o dos ingredientes marcados con la **A**, añade uno o dos marcados con la **B**, pero en cantidades más pequeñas, y una cantidad pequeña de alguno marcado con la **C**.

Los sabores descritos como **cremosos** y marcados con un * son ricos en almidón. Eso les confiere un sabor suave y cremoso (y a veces dulce).

El tomate es el único ingrediente ácido del huerto.

Notas sobre los hornos de convección

Cuando hornees o ases alimentos en un horno de convección, te aconsejo que bajes 20 °C la temperatura que se da en la receta (y en esta tabla).

Asado al horno (con un poco de aceite/mantequilla)	Macerado rápido	Congelado en raciones (generalmente hasta 6 meses)	Notas
20 min a 240 °C (dados de 2 cm)	—	Escaldada/asada y batida	Tritura con aceite de oliva hasta tener una salsa
35 min a 190 °C (entera)	Sí (rodajas finas/rallada)	Escaldada/asada y en dados (retira las hojas)	Reserva las hojas para ensalada o pesto
30 min a 180 °C (sin vaina)	Sí (muy jóvenes)	Sin vaina, crudas o escaldadas	Retira la vaina y pélalas para conseguir una textura más suave
15 min a 200 °C (dale la vuelta a mitad de cocción)	Sí (tallo en rodajas finas)	Escaldado, seco	Al escaldarlo, añade sal al agua para que se conserve verde y sabroso
15 min a 180 °C	Sí (cocínalas primero)	Sin vaina, crudas o escaldadas	Bátelas con queso curado, piñones, orégano y aceite hasta obtener un pesto
1 hora a 180 °C (entera)	Sí (ramilletes pequeños)	Escaldada, seca	Reserva las hojas para ensalada o para freír
35 min a 190 °C (entera)	Sí (rodajas finas/rallada)	Cruda o escaldada, troceada (sin hojas)	Reserva las hojas para ensalada o pesto
20-25 min a 180 °C	Sí (en trozos)	Crudo o escaldado, troceado (sin hojas)	Las hojas tienen un agradable sabor amargo
8-10 min a 200 °C	Sí (quítale los tallos gruesos)	Escaldada, entera, troceada o triturada)	Usa las hojas y los tallos para preparar kimchi
1 hora a 180 °C	Sí (cortada por la mitad)	Cortada por la mitad/en cuartos y escaldada, seca	Deliciosa con zumo de naranja y salsa de soja
5-10 min a 200 °C (entero o rodajas)	Sí (rodajas finas)	Crudo y entero o en puré	Retira las semillas para que pique menos
5-6 min a 200 °C	Sí (añade licor hirviendo)	Escaldado, entero, troceado o triturado	
15-20 min a 200 °C	—	Escaldadas	Quítales las puntas antes de cocinarlas
20 min a 190 °C (cortado a lo largo)	Sí (añade licor)	Escaldado o asado y triturado	Las flores también son comestibles
—	Sí (tarda 24 horas)	Crudo (3 meses máximo)	Añádelo a ensaladas y revueltos antes de servir
—	Sí (rodajas finas)	Crudo (3 meses máximo)	Sálalos 10-15 min antes de cocinarlos

Ingredientes (sabrosos)	Sabor	Crudo	Escaldado	Al vapor	A la brasa
Daikon (mooli) A/B	Dulce	Sí (en rodajas finas / añade hojas sup.)	4-5 min (trozos de 2 cm)	5 min (en rodajas muy finas)	10-15 min (escáldalo primero)
Hinojo B/C	Dulce	Sí	4 min (en rodajas)	15 min (partido por la mitad / en cuatro)	15 min (en cuartos, dale la vuelta a media cocción)
Judías verdes B/C	Dulce/amargo	Sí (solo muy pequeñas)	2 min (sin vaina)	4 min (sin vaina)	10 min (enteras, muy jóvenes)
Ajo B	Especiado	Sí (tallo de ajo verde)	5-6 min	4-5 min (pelado)	6 min (deja la piel)
Alcachofas de Jerusalén B	Cremoso*	Sí (rodajas muy finas; ver notas)	2 min (en rodajas finas)	10 min (en rodajas finas)	10 min (en rodajas finas)
Col rizada (cavolo nero / enana) B	Amargo	Sí (ver columna de notas)	30 seg	1-2 min	—
Colirrábano B	Dulce	Sí (rallado)	10 min (rodajas de 1 cm)	8-12 min (en gajos)	10 min (primero escáldalo o cocínalo al vapor)
Puerro B	Dulce	Sí	30 seg (en rodajas)	2-3 min (cortado por la mitad a lo largo)	10-15 min (retira la capa exterior)
Lechuga C	Dulce	Sí	45 seg	1 min	4 min (por la mitad, úntale aceite con pincel)
Mostaza C	Especiado	Sí	10 seg (ligeramente marchita)	20-30 seg (algo marchita)	—
Col china B	Dulce	Sí (en tiras)	1 min (gajos de 2 cm)	4-5 min (en gajos de 2 cm)	10-12 min (en gajos)
Cebolla A	Dulce	Sí (rodajas finas y hojas superiores)	—	15-20 min (cortada por la mitad)	25 min (en rodajas)
Verduras orientales B	Amargo (suave)	Sí	1 min (primero mete los tallos en agua)	3-4 min (conservan el color)	Que la parte superior se ponga mustia
Pak choi B/C	Amargo (suave)	Sí	3 min (primero mete los tallos en agua)	8-10 min	10 min
Guisante (de nieve) B/C	Dulce	Sí (muy frescos)	30-40 seg	1-2 min	2-3 min
Patata A	Cremoso*	—	15-20 min (dados de 3 cm)	20 min (patatas nuevas)	35-40 min (en gajos)
Calabaza A	Dulce	Sí (hojas)	10-15 min (dados de 3 cm, pelados)	25 min (en rodajas de 1 cm)	20 min (en rodajas de 1 cm)
Rábano C	Especiado	Sí (rodajas finas y hojas superiores)	4-5 min (trozos de 2 cm)	30 min (en trozos de 2-3 cm)	10-15 min (escáldalo primero)
Rúcula C	Especiado/ amargo	Sí	—	—	—
Judías verdes planas B/C	Dulce/algo amargo	—	3-4 min (sin las puntas)	5 min (sin las puntas)	4-5 min por lado
Chalota A/B	Dulce	Sí (rodajas finas y hojas superiores)	—	15-20 min (cortada por la mitad)	25 min (en rodajas)

...sado al horno (con un poco de aceite/mantequilla)	Macerado rápido	Congelado por raciones (generalmente hasta 6 meses)	Notas
...0 min a 180 °C ...en trozos de 2-3 cm)	Sí (en rodajas finas)	Escaldado, seco	Guarda las hojas de los rábanos para los pestos y las ensaladas a base de hojas
...0 min a 180 °C ...cortado en cuatro)	Sí (en rodajas finas)	Cortado por la mitad/en cuatro y luego escaldado; sécalo bien	Usa las frondas y las flores de guarnición; las semillas son comestibles
—	—	Sin vaina, crudas o escaldadas	No hace falta quitar la vaina si las cosechas cuando son muy pequeñas y dulces
...5 min a 200 °C (quítale la base, ...úbrelo con papel de aluminio)	Sí (en rodajas finas)	Entero, pelado o en puré; envuélvelo bien apretado	Disfruta del ajo cuando está verde y una vez seco
...5-40 min a 180 °C ...entera/cortada por la mitad)	—	Escaldadas	Pueden producir gases si se comen crudas
...-10 min a 210 °C ...rematada con aceite de sésamo)	Sí (en tiras)	Escaldada y entera, troceada o triturada	Quítale el tallo
...0 min a 180 °C (en gajos)	Sí (rallado)	Escaldado (sin hojas)	Añade las hojas a las ensaladas
...0 min a 190 °C ...entero, quita la capa exterior)	Sí (añádele licor caliente)	Escaldado o en tiras y salteado con mantequilla	
10-15 min a 210 °C ...entera/cortada por la mitad)	Sí	En puré (descongélala antes de añadirla a las sopas)	
—	Sí	En puré (descongélala antes de añadirla a las sopas)	Las yemas y las flores son comestibles
45 min a 200 °C (en gajos)	Sí (en rodajas finas)	Escaldada, seca; o prepara kimchi con ella	Dale la vuelta a media cocción cuando la ases a la brasa o al horno
50 min a 190 °C (con la piel) 30 min (en rodajas)	Sí (en rodajas finas)	Cruda, troceada o triturada	Añádela a cualquier macerado rápido
5-8 min a 190 °C (hasta que se pongan mustias)	Sí (quítales los tallos gruesos)	Escaldadas, secas	Trátalas como a una acelga resistente
25 min a 220 °C (cortado por la mitad)	Sí	Escaldado, seco	
5 min (añade más aceite para que quede crujiente)	Sí	Crudos (recién recolectados)	Cosecha los brotes para ensaladas y guarniciones
45 min a 190 °C (en dados de 3 cm/ patatas nuevas cortadas por la mitad)	—	Vaporizada	Cubre las patatas troceadas con agua para evitar que se pongan marrones
1 hora a 190 °C (en cuatro y sin semillas)	Sí (en rodajas finas)	Pelada y vaporizada	Guarda las semillas, lávalas, ásalas y úsalas como aperitivo
40 min a 180 °C (en trozos de 2-3 cm)	Sí	Escaldado, seco	Guarda las hojas superiores para el pesto y añádelo a las ensaladas
—	Sí	En puré (descongélala antes de añadirla a las sopas)	Tritúrala para preparar pesto y añádelo a platos cocinados para darle un toque picante
15-20 min a 220 °C (enteras)	Sí (cocínalas primero)	Escaldadas	Las judías de vaina muy grandes y fibrosas pueden cocinarse y comerse
45 min a 190 °C (con la piel) 30 min (en rodajas)	Sí (en rodajas finas)	Cruda, troceada o triturada	Añádela a cualquier macerado rápido

Ingredientes (sabrosos)	Sabor	Crudo	Escaldado	Al vapor	A la brasa
Espinaca (de Malabar) B	Dulce	Hojas baby	1- 2 min (según el tamaño)	3 min	No, pero puede saltear
Calabaza (de invierno) A	Dulce	Hojas jóvenes	10-15 min (dados de 3 cm, pelados)	25 min (dados de 2 cm)	25 min (dados de 2 cm)
Col de primavera B	Dulce	Sí (en tiras)	30 seg (en tiras)/ 2 min (en gajos)	3 min (troceada/ en tiras)	3 min (en tiras)/ 4-5 min (en gajos)
Cebolleta C	Especiado	Sí	20 seg (entera)	1 min (entera)	2 min (entera, dale la vuelta a media cocción)
Colinabo A	Dulce	Hojas de la parte superior	2 min (dados de 2 cm, para congelar)	25 min (dados de 2 cm)	5 min (en dados, escáldalo primero)
Tomate A/B	Ácido	Sí	30 seg-1 min (entero)	—	3 min (entero, hasta que la piel se ponga negra)
Col silvestre B	Dulce	Hojas en tiras	1 min	3 min	2-3 min (en tiras finas)
Nabo A	Dulce	Hojas de la parte superior	2 min (dados de 2 cm, para congelar)	25 min (dados de 2 cm)	3 min (en dados, escáldado primero)
Ajo silvestre B/C	Especiado/ amargo	Sí	1 min	—	4 min

Hierbas (perennes)	Infusionado en aceite	Crudo (servir crudo)	Ingrediente de pesto	Notas
Cebollinos	Sí (triturados)	Sí	Sí	Las flores de intenso sabor también se infusionan bien
Melisa	Sí (triturada)	Sí	Sí	Queda bien en los asados. Usa solo las hojas
Hierbaluisa	Sí (triturada)	Sí	Sí	Combina bien con el ajo. Usa solo las hojas
Hierbabuena	Sí (triturada)	Sí	Sí	
Orégano	Sí (triturado)	Sí	Sí	Usa solo las hojas
Romero	Sí	Sí	Sí	Usa solo las hojas. Infusiona las hojas y el tallo leñoso en aceite
Tomillo	Sí	Sí	Sí	Usa solo las hojas. Infusiona las hojas y el tallo leñoso en aceite

...ado al horno (...on un poco de aceite/mantequilla)	Macerado rápido	Congelado por raciones (generalmente hasta 6 meses)	Notas
	Sí	Escaldadas y luego enteras, troceadas o trituradas	Tritúralas para preparar pesto, para aportar volumen
... min a 190 °C (dados de 2 cm)	—	Pelada y vaporizada	Ambas calabazas, la de invierno y la de verano, se cocinan igual
... min a 200 °C (en gajos)	Sí (en tiras)	Escaldada, seca	Corta en tiras la sobrante y prepara chucrut
...min a 200 °C (dale la vuelta a ...edia cocción)	Sí (troceada)	Cruda y troceada	Las hojas aportan sabor, si no tienes bulbos
... min a 200 °C (en dados de 2 cm)	Sí (rallado)	Escaldado, seco	Cuécelo como las patatas
...hora a 160 °C (cortado por la ...itad o entero)	Sí (añádele licor caliente)	Escaldado para quitarle la piel, y entero o en puré	Delicioso en las tostadas con ajo, aceite de oliva y sal
...5 min a 210 °C (en rodajas de ...cm)	Sí (dados de 2 cm)	Escaldada, seca	Usa las hojas para envolver otros ingredientes y cocínalas
... min a 200 °C (en trozos de 3 cm)	Sí (rallado)	Escaldado, seco	Cuécelo como las patatas
...ñádelo a otros asados 4 min ...ntes de servirlos	Sí	Triturado para preparar pesto	Añádelo a otros platos 2 min antes de servir

...rbas (...uales)	Infusionado con aceite	Crudo (servir crudo)	Ingrediente de pesto	Notas
...bahaca	Sí (triturada)	Sí	Sí	
...rraja	Sí (triturada)	Sí	Sí	Las flores saben a pepino
...antro	Sí (triturado)	Sí	Sí	Usa hojas, flores y semillas
...eldo	Sí (triturado)	Sí	Sí	Usa hojas, flores y semillas
...rejil	Sí (triturado)	Sí	Sí	Usa hojas, flores y semillas

Ensaladas

Cualquiera de los productos de cosecha propia puede convertirse en un ingrediente de todo tipo de ensaladas frescas y crujientes. Dada la gran variedad de verduras y hierbas que puedes cultivar en el huerto, estos platos versátiles no tienen por qué ser nunca aburridos.

Preparar ensaladas sabrosas y saludables puede ser muy divertido y el aliño no puede ser más fácil: limítate a seguir la regla de oro (p. 164) al mezclar aceite y vinagre. También explico técnicas para preparar ingredientes que aportarán más sabor a la ensalada. Consulta la tabla de sabores (pp. 156-161) para saber los cultivos que pueden añadirse crudos, escaldados o a la brasa, así como las hierbas (y flores) que puedes usar para dar sabor y color.

TÉCNICAS PARA ENSALADAS

Sé creativo y aporta interés y textura a las ensaladas con verduras frescas al vapor o a la brasa, así como cereales, frutos secos y pan.

Crudo y troceado
Conservar la frescura y la textura crujiente de los ingredientes crudos es clave. La lechuga, las zanahorias, los rábanos, la col y el pepino están en su punto recién recolectados. No aliñes mucho la ensalada antes de comerla, ya que el ácido del vinagre puede ablandar los ingredientes y hacerlos menos crujientes.

Al vapor y escaldado
Optimizarás el contenido nutricional de los productos. Puedes confeccionar tu propia vaporera colocando un colador sobre una olla con agua hirviendo; añade la verdura, por ejemplo judías trepadoras, y cubre el colador con una tapa. Para escaldar las verduras, sumérgelas un

momento en agua hirviendo con sal y luego interrumpe el proceso poniéndolas en agua fría; así conservarán el sabor, la textura y el color. Si añades sal (1 cucharada por 400 ml de agua), aumentarás el contenido mineral y evitarás que se pierdan nutrientes.

A la brasa y asado al horno
Si cocinas verduras como los puerros (derecha) y el brócoli a la brasa, les darás intensidad y un toque ahumado, pero por dentro estarán poco hechos. Para hacer las verduras a la brasa, pon una sartén de hierro fundido en el fuego, y, cuando esté muy caliente, añade las verduras. Déjalas hasta que estén ennegrecidas y crujientes por los bordes; dales la vuelta y repite el proceso. Si asas en el horno

con algo de aceite tomates, berenjenas o tubérculos, conseguirás que sus azúcares se descompongan y se intensifique su sabor. Para dar a las ensaladas un toque crujiente, añádeles col rizada asada.

Macerado rápido
Además de ser una técnica de conservación, permite dar interés a las verduras y un toque ácido y chispeante a los platos. Puedes macerar cualquiera de los ingredientes de la tabla de sabores cortándolo en rodajas muy finas (con una mandolina o cortador manual) y sumergiéndolo en un licor para macerar. Por cada 400-500 g de verdura, usa 250 ml de vinagre, 250 ml de agua, 100 g de azúcar y 1 cucharadita de sal; ponlo todo en un tarro de 1,5 litros, aromatízalo con especias y hierbas y guárdalo en la nevera. Una hora después ya puedes usarlo, pero la verdura tendrá más sabor y estará mejor macerada tras 24-48 horas. El encurtido se conservará una semana.

Complementos especiales
También puedes animar las ensaladas añadiéndoles cereales y legumbres, como quinoa, cebada, cuscús o una selección de legumbres cocidas. El queso potencia su sabor mientras que los frutos secos le aportan una textura crujiente. También puedes espolvorearlas con una pizca de alguna de las

mezclas de especias del apartado del curri (p. 170). Los carbohidratos también combinan bien y he incluido una receta en la que se usa pan tostado. Y si tienes invitados, siempre puedes añadir a la ensalada pasta cocida y aderezarla con aceite para que no se seque. He agrupado las recetas de ensalada en dos grupos, verano y primavera, para homenajear un puñado de mis ingredientes preferidos y mostrar algunos ejemplos de lo increíblemente versátil que puede ser una ensalada.

Aliño

El mejor aliño para la ensalada se prepara con solo dos ingredientes, en la siguiente proporción: una tercera parte de vinagre y dos terceras partes de aceite. Como con todas las recetas sencillas, este aliño depende de la calidad de los ingredientes. Cada vinagre, desde uno de sidra hasta un vinagre balsámico, aporta algo distinto. Los ingredientes de sabor intenso infusionados en vinagre, como los pétalos de flor capuchina o de flor de ajo, también le dan un sabor delicioso y un gran aroma. Los aceites, por su parte, pueden ser desde picantes hasta mantecosos. Los aceites son excelentes portadores para las hierbas aromáticas, incluidos el romero y el tomillo.

DE VERANO

Saca partido de las verduras estivales con estas dos ensaladas deliciosas, ideales para cuando hace calor.

Tomate y pan

Esta ensalada, que puede comerse fría o caliente, es perfecta para compartir. Tiene un apetitoso sabor ácido.

2 raciones

4 rebanadas de pan gruesas

5 cdas. de aceite de oliva

Sal y pimienta al gusto

3 ramitas de tomillo fresco

8-9 tomates grandes

2 dientes de ajo, en rodajas finas

1 cda. de vinagre balsámico

Opcional

Albahaca fresca

1. Precalienta el horno a 180 °C. Corta el pan en dados de 2 cm, colócalos en una bandeja de horno y rocíalos con aceite de oliva. Sazónalo con sal y pimienta, pon encima las ramitas de tomillo y mételo en el horno 25 minutos o hasta que el pan esté seco y crujiente.

2. Añade los tomates al pan de la bandeja y aplástalos ligeramente con una cuchara de madera para que se les raje la piel. Incorpora el ajo, vuelve a meter la bandeja en el horno y súbelo a 200 °C. Déjalo entonces otros 20 minutos y sírvelo en un cuenco con un chorrito de vinagre balsámico y albahaca fresca picada.

Setas y pepino macerados

Una ensalada ácida y dulce que es mejor servir fría y como guarnición. Ideal si hay excedente de pepinos.

2 raciones

200 ml de agua fría

Una pizca de sal

½ cdta. de semillas de cilantro verde

80 g de azúcar de caña

200 ml de vinagre de sidra

1 pepino grande

200 g de setas shiitake

1 cdta. de aceite de sésamo tostado

1 cdta. de semillas de sésamo

6-7 brotes de guisantes

1. Mete en una cazuela el agua, la sal, las semillas de cilantro, el azúcar y el vinagre. Caliéntalo a fuego lento hasta que la sal y el azúcar se hayan disuelto. Retíralo del fuego y deja que el líquido se enfríe mientras preparas el resto de los ingredientes.

2. Con un cuchillo afilado o una mandolina, corta en rodajas finas el pepino y las setas. Métalo en un recipiente hermético, vierte encima el licor para macerar, tápalo y déjalo en la nevera 1-3 horas.

3. Sírvela aderezada con aceite de sésamo y semillas de sésamo, y decórala con brotes de guisante.

PRIMAVERA

Realza el sabor de tus patatas nuevas recién cosechadas con esta deliciosa ensalada cremosa (imagen inferior).

Patatas al vapor, crema agria y cebolleta

La cebolleta aporta un agradable sabor fresco a esta ensalada, pero también puedes usar cebollinos o ajo silvestre.

2 raciones generosas

800 g de patatas nuevas o pequeñas, cortadas por la mitad

3 ramitas de romero fresco

100 ml de crema agria

1 cdta. de mostaza en grano

3 cebolletas, cortadas en rodajas finas

2 cdas. de aceite de oliva picante

Sal y pimienta al gusto

1. Cuece las patatas y el romero al vapor: colócalas sobre 500 ml de agua hirviendo durante 12-15 minutos, hasta que estén blandas.

2. Retira el romero y deja enfriar las patatas en un cuenco durante 20 minutos.

3. Mezcla la crema, la mostaza y la cebolleta, y vierte la mezcla sobre las patatas. Échales un chorrito de aceite antes de servirlas.

Sopas y cremas

Casi todo lo que coseches puede transformarse en sopas y cremas nutritivas y sabrosas. Son ideales para aprovechar las sobras o cuando recolectas un cultivo como el tomate. Pueden prepararse y dividirse en raciones para congelar y conservarse hasta 6 meses.

Mi método para preparar sopas y cremas consta de cinco pasos sencillos y puede usarse con todos los ingredientes del huerto. Las sopas y cremas están pensadas para ser un plato campestre y sabroso, así que yo no suelo pelar las verduras. En cuanto te hayas familiarizado con los cinco pasos, consulta la tabla de sabores (ver pp. 156-161) y disfruta experimentando con distintas combinaciones.

1. Empieza con un sofrito
Es la base de cualquier sopa o crema y puede llevar cebolla, ajo, apio (izquierda), zanahoria o pimiento, todo troceado. Elige dos o tres ingredientes y rehógalos a fuego lento con aceite o

mantequilla 20 minutos, para que suelten todo su sabor.

2. Desglasado

Para realzar el sabor, añade un chorrito de vinagre o vino a los ingredientes rehogados y deja reducir el líquido. La mezcla se evaporará rápidamente, quedando viscosa y concentrada. Yo para la crema de remolacha uso vino tinto o vinagre de vino tinto. Para las cremas con ingredientes blancos o cremosos, usa vino blanco o vinagre de sidra.

3. Añade los ingredientes principales y el caldo

Los ingredientes principales suelen ser cultivos abundantes, como tomates, puerros y patatas. Los cereales y las legumbres también pueden añadirse en este paso, para darle más volumen y valor nutritivo. Escoge entre uno y tres ingredientes principales, añade caldo hasta cubrirlos y tapa la cazuela. Los mejores caldos son los caseros, pues no generan desperdicios; puedes prepararlo dejando cocer las sobras y restos de las verduras dos horas con algún ingrediente aromático, agua y una pizca de sal. También puedes comprar caldo vegetal en polvo.

4. Añade frescor

Hay muchos ingredientes frescos, desde las hierbas de hoja verde a las acelgas o los guisantes dulces, que son muy sensibles a la

temperatura. Añádelos siempre uno o dos minutos antes de servir la sopa o crema (antes o después de triturar) y deja que liberen su sabor con el calor residual.

5. Añade una floritura final

Una vez tienes el sabor general de la sopa o crema, hay que añadirle otro complementario para que sea realmente especial. Un toque de nata compensa la acidez de la crema de tomate, y el queso blando neutraliza el sabor amargo de las brassicas, como la col rizada.

RECETAS

Las siguientes recetas dan para unas 15 raciones, así que podrás congelar unas cuantas.

Puerro y patata
Un básico de invierno con el vino blanco suficiente para potenciar el miso.

2 cebollas

1 zanahoria, troceada

2 tallos de apio, troceados

1 cda. de mantequilla con sal

90 ml de vino blanco

2 dientes de ajo, machacados

2 kg de patatas, en dados

2 nabos o ½ colinabo (dados)

2 cdas. de mostaza en grano

2 cdtas. de miso blanco dulce

Sal y pimienta negra

Caldo vegetal

2 puerros (incluidas las partes verdes), finamente picados

Opcional

Perejil picado; añádelo justo antes o después de triturar

Rehoga las verduras en trozos (cebollas, zanahoria, apio) con un poco de mantequilla 20 minutos; luego añade el vino y el ajo. Cuando el vino se haya reducido, añade los ingredientes restantes, salvo los puerros. Cúbrelos con el caldo y déjalo cocer a fuego lento hasta que las patatas estén blandas. Añade los puerros, sazona y tritura la crema de inmediato para que conserve su color intenso.

Tomate

Es una sopa rica en sabores ácidos y umami (imagen derecha). Las verduras de verano, como la berenjena o el calabacín, combinan bien con los tomates. Esta sopa puede tomarse fría.

2 cebollas

2 zanahorias, troceadas

2 pimientos (sin semillas)

2 cdas. de aceite de oliva

100 ml de vinagre de vino tinto

3 kg de tomates (con piel)

3 dientes de ajo, machacados

2 cdtas. de pimentón ahumado

1-2 chiles frescos (deja las semillas para que pique más)

2 cdas. de salsa de soja

Pimienta negra

Caldo vegetal

Para servir

Un poco de nata líquida

Albahaca fresca

Opcional

500 g de verduras de verano: berenjenas, calabacines...

500 g de lentejas rojas

Albahaca, tomillo o romero frescos

Rehoga las cebollas, las zanahorias y los pimientos en aceite 20 minutos y luego desglasa con el vinagre. Deja que la mezcla se reduzca hasta estar viscosa. Añade los tomates enteros con el ajo y el resto de los ingredientes (incluidos los opcionales). Vierte caldo hasta cubrirlos y déjalo cocer a fuego lento durante 25-30 minutos. Tritúralo o déjalo con trozos. Sírvela con nata o albahaca fresca.

Consejo

Si quieres picatostes con la sopa, corta pan duro en trozos pequeños, añádele aceite, sal y tomillo, y métalo en el horno. También puedes poner algunos picatostes antes de batir la sopa para que quede más cremosa.

Sopa udon

La mezcla de vinagre, soja y salsa Worcestershire de esta sopa de verano es perfecta para condimentar revueltos.

900 g de champiñones, cortados a cuartos

2 cdas. de aceite de colza

3 cebollas

6 zanahorias, troceadas

6 tallos de apio

3 cdas. de salsa de soja

5 cdas. de vinagre de sidra

Trozo de raíz de jengibre de 2,5 cm, pelado, y en rodajas finas

3,5 litros de caldo vegetal

2 calabacines (más las flores), troceados

90 g de guisantes dulces

Puñado de verduras orientales

3 cdas. de salsa Worcestershire

Para servir

2-3 cdas. de kimchi

2 rábanos, en rodajas finas

2 cebolletas, en rodajas finas

150 g de fideos udon/persona (o patatas hervidas, en dados)

Opcional

1 cucharada de miel

Dora los champiñones en un poco de aceite. Baja el fuego y añade la cebolla, el apio y las zanahorias, además de la salsa de soja, el vinagre y el jengibre. Una vez se haya reducido la salsa, añade el caldo. Déjalo cocer a fuego lento durante 30 minutos y luego incorpora el resto de los ingredientes, incluida la miel si vas a usarla. Deja la sopa 5 minutos más, viértela en cuencos, añade el kimchi y decórala con las rodajas de rábano y cebolleta.

Brassicas y queso de cabra
Esta crema de invierno combina muy bien el sabor amargo de las brassicas con el queso blando. En verano puedes usar las lechugas espigadas, que pierden dulzor.

2 cebollas, troceadas

2 zanahorias, troceadas

3 tallos de apio

30 g de mantequilla con sal

200 ml de vino blanco

2 patatas grandes, en dados

3 dientes de ajo, machacados

2 cucharadas de mostaza en grano

3,5 litros de caldo vegetal

150 g de judías verdes redondas

2 kg de hojas de brassica, troceadas

350 g de queso de cabra blando

Sal y pimienta negra

Rehoga las cebollas, las zanahorias y el apio con un poco de mantequilla y luego desglasa con vino blanco. Añade las patatas en dados, el ajo, la mostaza y el caldo, y déjalo cocer a fuego lento durante 30 minutos. Añade las judías, las hojas de brassica troceadas y el queso de cabra. Sazónalo al gusto y tritúralo hasta que quede homogéneo.

Curris

Las especias dan sabor y colorido a los platos de verduras del huerto. Para que quede claro, cuando digo «especiado» me refiero a que tiene aroma, no a que sea picante. Las especias tienen muchos compuestos aromáticos que hacen interesante el plato más sencillo.

MEZCLAS DE ESPECIAS

Las mezclas de especias que propongo son versátiles y pueden añadirse a sopas, cremas, salsas, condimentos y encurtidos. Las recetas son para cantidades grandes, para llenar un tarro y ahorrar tiempo. Elige un tarro de tapa hermética y asegúrate de guardarlo a resguardo del sol. Pueden durar años, pero si quieres disfrutar de todo su sabor, úsalas en los 6 meses siguientes. Compra especias en grano y muélelas antes de guardarlas y usarlas.

Mezcla multiusos
Esta mezcla, sabrosa, equilibrada y floral, combina maravillosamente bien con cualquier clase de curri y da un toque estimulante a sopas y cremas. También puedes usar esta mezcla (abajo) para untar los alimentos antes de ponerlos en la barbacoa.

4 cdas. de pimentón (dulce o ahumado)

3 cdas. de semillas de cilantro

3 cdas. de semillas de comino

2 cdas. de curri en polvo
(suave o picante)

2 cdas. de cúrcuma molida

1 cdta. de garam masala

1 cdta. de pimienta negra
recién molida

1 cdta. de chile en polvo

1 cdta. de cebolla en polvo

1 cdta. de ajo en copos

Panch phoron
El fenogreco, el ajenuz y el
hinojo dan a esta mezcla
intensa (derecha) un sabor
amargo y terroso. Es típica de
los platos bengalís, como el
saag aloo. Muele las semillas
con la mano de mortero
antes de usarlas.

4 cdas. de semillas de comino

4 cdas. de semillas de
mostaza amarillas

4 cdas. de semillas de hinojo

4 cdas. de semillas de ajenuz

2 cdas. de semillas de
fenogreco*

* Si te parece demasiado
amargo, usa la mitad.

Baharat
Típico de Oriente Medio, de
sabor ahumado, afrutado y
dulce. Perfecto para platos
con tomate, carnes y
hummus. Abre las vainas de
cardamomo para extraer las
semillas y machácalas con
los clavos en un mortero;
mezcla con el resto.

4 cdas. de pimentón ahumado

4 cdas. de comino molido

2 cdas. de pimienta negra
molida

2 cda. de cilantro molido

1 cda. de nuez moscada
rallada

1 cda. de canela molida

2 cdtas. de pimienta inglesa
en polvo

1 cdta. de granos de
cardamomo

1 cdta. de clavos

Shichimi togarashi
Esta mezcla japonesa tiene
un aroma de cítricos y frutos
secos. Tuesta las semillas de
sésamo en el horno a 180 °C

10 minutos. Deja secar la
piel de la naranja de forma
natural (tarda 2-3 semanas)
o al horno a 140 °C, 1 hora.
Tritura ligeramente los
ingredientes con la mano y
el mortero. Usa la mezcla
para cocinar o espolvorear
los platos. También sabe
genial con las palomitas.

4 cucharadas de semillas
de sésamo

La piel seca de 1 naranja

2 cdas. de copos de chile

2 cdas. de algas marinas
deshidratadas (dulse o nori)

3 cdtas. de pimienta negra
en grano

1 cda. de semillas de amapola

1 cdta. de jengibre molido

SALSAS DE CURRI

Aquí tienes la receta de dos salsas de curri que puedes usar respectivamente con los cultivos estivales e invernales de tu huerto.

Salsa de curri estival con tomate

Esta salsa, que lleva tres mezclas de especias, tomates frescos y yogur especiado, queda muy bien con las verduras del huerto. Para esta cantidad de salsa, sugiero añadir 400 g de tubérculos, 300 g de setas o judías verdes redondas y 250 g de verduras de hoja verde.

3-4 raciones

2 cdtas. de panch phoron

5 dientes de ajo, machacados

200 ml de yogur natural

3 cdas. de aceite de colza

1 cebolla, en dados

2 cdas. de mantequilla

1 cda. de mezcla multiusos

1 cdta. de baharat

100 ml de caldo/agua

400 g de tomates, troceados

1 cdta. de sal marina

1. Incorpora la mezcla panch phoron y 3 dientes de ajo al yogur. Déjalo en la nevera 1 hora (3 días máximo).

2. Pon 1 cucharada de aceite de colza en una sartén grande a fuego medio y rehoga la cebolla (que transparente). Añade los otros 2 dientes de ajo y rehógalo 3 minutos.

3. Añade la mantequilla y sofríe la mezcla multiusos y la mezcla baharat durante 30-40 segundos, para que suelten su aroma. Añade el caldo, los tomates y la sal, y déjalo cocer 30 minutos más, hasta que la salsa espese.

4. Incorpora las verduras que vayas a usar a la salsa y déjalas cocer a fuego lento hasta que estén tiernas.

5. Sírvelo con naan y arroz, y pon un cuenco con el yogur especiado aparte.

Salsa de curri invernal con leche de coco

Esta salsa (derecha) celebra los productos de invierno y combina muy bien con la calabaza, las verduras de hoja verde de invierno y las judías en conserva. El shichimi togarashi cobra vida con la leche de coco. Para esta cantidad de salsa, usa 600 g en total entre verduras de hoja verde, verduras feculentas y judías.

3-4 raciones

1 cebolla, en dados

2 dientes de ajo, machacados

1 cda. de aceite de oliva

Una pizca de sal y pimienta recién molida

1 cdtas. de mezcla multiusos

1 cdtas. de salsa de soja

1 cdtas. de salsa ponzu yuzu o de zumo de limón

150 ml de caldo o agua

400 ml de leche de coco

Un trozo de jengibre fresco de 2,5 cm, pelado y rallado

2 cdas. de shichimi togarashi

1 cdtas. de mostaza en grano

1. Rehoga la cebolla y el ajo con un poco de aceite de oliva a fuego medio-bajo, hasta que transparenten. Sazónalo con sal y pimienta.

2. Añade la mezcla multiusos y rehógalo 1 minuto a fuego lento. Añade la salsa de soja y el zumo de limón / salsa de yuzu. Deja que el líquido se reduzca durante un minuto, hasta que esté viscoso.

3. Añade el caldo y la leche de coco, y el resto de los ingredientes. Llévalo a ebullición y déjalo cocer durante 12 minutos.

4. Añade las verduras que vayas a usar a la salsa y déjalas cocer a fuego lento hasta que estén tiernas.

5. Échale una pizca de shichimi y sírvelo con arroz.

Condimentos

Los condimentos —salsas, dips y purés— son los ingredientes secretos del cocinero y también van bien como guarnición. Estas recetas, con las que podrás preparar desde kétchup hasta pesto, pueden prepararse con hierbas y verduras del huerto, y la mayoría se congelan sin problema.

Kétchup

Para este kétchup (izquierda) puedes usar cualquier tubérculo o planta aromática que tengas en abundancia. Es una forma fantástica de disfrutar de estos productos fuera de temporada y aguanta hasta 6 meses. Si quieres hacer sala barbacoa, añade 3 cucharadas de mezcla multiusos y 3 cucharadas de baharat (pp. 170-171) al cocer.

Salen 3,5 litros

900 g de hortalizas y verduras de hoja verde

2 kg de tomates

1 cebolla, troceada

5 dientes de ajo, picados

700 ml de agua

2 chiles frescos

2 cdas. de pimentón ahumado

4 clavos, molidos

2 cdas. de salsa de soja

1 cda. de sal

1 cdta. de pimienta negra recién molida

150 g de azúcar demerara

400 ml de vinagre: de vino tinto/malta/jerez

Lava y prepara las verduras y ponlas en un cazo. Añade los ingredientes restantes salvo el azúcar y el vinagre. Llévalo a ebullición y luego déjalo cocer a fuego lento hasta que se haya reducido a la mitad. Tritúralo en un robot hasta

400 g de remolacha/
zanahoria cruda, rallada **o**

270 g espinacas jóvenes u
hojas de ajo silvestre

200 g de tahini suave

Zumo de 2 limones

4 dientes de ajo, pelados

2 cdtas. de sal

60 ml de aceite de oliva

que quede homogéneo.
Cuélalo con un colador fino
y ponlo de nuevo en el cazo.
Añade el vinagre y el azúcar y
déjalo cocer hasta que la salsa
esté brillante (10-15 minutos).
Mientras aún humee, viértelo
en botellas esterilizadas y deja
que se enfríe. Se conserva
hasta 6 meses. Una vez
abierto, guárdalo en la nevera
y úsalo en 6 semanas.

Pesto
Esta popular salsa para
pasta (arriba) combina
hierbas tiernas y especias y
ajo, y se mezcla con queso
curado o frutos secos
tostados, sal y aceite de
oliva. El ingrediente clásico
es la albahaca, pero también
puede hacerse con rúcula,
col rizada joven, hojas de
zanahoria, perejil o cilantro.

90 g de parmesano rallado/
avellanas tostadas

100 g de hierbas tiernas

50 g de verduras de hoja verde

2 cdtas. de mostaza en grano

3 dientes de ajo, pelados

250 ml de aceite de oliva

Zumo de un limón

Una pizca de sal (si usas
avellanas)

Tuesta las avellanas en una
sartén a fuego medio 10
minutos (si las usas en vez
del queso). Métetelas en un
robot de cocina con el resto
de los ingredientes y tritúralo.
Pasa el pesto a un recipiente
hermético y guárdalo en la
nevera una semana, o
congélalo y úsalo en 6 meses.

Dip
Esta receta se inspira en el
hummus, pero da la opción
de agregar tubérculos o
verduras de hoja verde para
aportarle textura y sabor. En
el congelador se conserva
hasta 6 meses.

2 cdas. de semillas de comino

800 g de judías garrofón/
judías blancas/garbanzos
cocidos

Tuesta las semillas de comino
en una sartén hasta que
desprendan su aroma y
resérvalas. Mete el resto de
ingredientes en un robot de
cocina, salvo el aceite, y bate
bien. Una vez tengas una
mezcla uniforme, añade las
semillas tostadas y el aceite
con el motor en marcha.
Guárdalo en un recipiente
hermético y en la nevera un
máximo de una semana.

Puré
Corta en dados la verdura
feculenta escogida (puedes
mezclar dos o tres), y cuécela
en agua hirviendo con sal
hasta que esté blanda.
Escúrrela y tritúrala en el
robot de cocina con las
hierbas que vayas a usar. El
puré de calabaza combina
muy bien con el romero.
Sazónalo al gusto y aclaralo
con agua, nata o mantequilla
fundida hasta que te guste
su consistencia. Si queda
muy claro, vuelve a ponerlo
a fuego lento y déjalo reducir
hasta que espese. Aguanta
6 meses en el congelador.

Masa fácil

Esta masa hecha con agua caliente es muy fácil de preparar y las tartas, tartaletas y empanadillas que hagas con ella pueden rellenarse con productos del huerto. Se puede congelar sin problemas y aguanta hasta 6 meses, así que vale la pena cocinar una buena cantidad y congelarla.

Sale 1 tarta mediana, 2 tartaletas o 4 empanadillas

150 ml de agua

130 g de mantequilla

380 g de harina blanca y un poco más para espolvorear

Una pizca de sal

Opcional
½ cdta. de vinagre blanco para que se conserve fresca

1. Mete la mantequilla y el agua en un cazo pequeño y caliéntalo a fuego suave hasta que la mantequilla se derrita.

2. Mientras, pon la harina y la sal en un cuenco. Añade la mantequilla y frota la mezcla con la yema de los dedos.

3. Sube el fuego y cuando empiece a hervir, viértelo en el cuenco y mezcla con una cuchara hasta que se ligue.

4. Espolvorea la superficie de trabajo con harina y vuelca la masa en ella. Una vez lo bastante fría para manipularla, amásala ligeramente, hasta incorporar toda la harina.

5. Extiende la masa hasta que tenga un grosor de 5 mm y dale la forma del molde. Hazlo rápido: se trabaja mejor aún caliente.

6. Para las empanadillas, haz un círculo de unos 20 cm y pon el relleno en el centro.

Con un cepillo, pinta el borde de la mitad del círculo con agua o leche, dobla una mitad sobre la otra y presiona el borde con un tenedor para sellarlo. **Para las tartas** (derecha), añade el relleno y con un pincel pinta el borde con agua o leche; luego pon la capa superior de la masa. Enrolla los bordes y presiona para sellarlos. **Para quiches y tartaletas**, usa 3 huevos y 500 ml de nata líquida junto con las verduras y/o queso.

7. Pon el horno a 190 °C. Con un cepillo, pinta la parte de arriba de las empanadillas o tartas con leche o huevo batido con agua (2 cucharadas de agua fría por una yema de huevo). Hornea las tartas pequeñas (de 10 cm) y las

empanadillas individuales 40 minutos. Una tarta grande (de 20 cm), como la de la foto, necesitará unos 50 minutos.

Para que sea más sabrosa, antes de meter la tarta en el horno, espolvoréala con semillas de sésamo, granos de pimienta triturados, queso rallado o pimentón ahumado.

Cocina más y congela
Cuando cocines cantidades grandes para congelar, pinta las tartas rellenas sin hornear con leche o huevo batido con agua, para que la masa no se seque ni se agriete.

Coloca un papel de horno sobre cada tarta y apílalas una encima de otra en un recipiente hermético. El papel evitará que se peguen entre sí. Así te será más fácil separarlas estando congeladas. Para congelar tartaletas y quiches, primero hornéalas y luego, cuando estén frías, congélalas por raciones. Cuando quieras descongelarlas, coloca las tartas, las empanadillas y las raciones de quiche en un recipiente hermético y déjalas descongelar en la nevera durante 12 horas. Luego hornéalas igual que si fueran

frescas. Si necesitas preparar un plato muy rápido, saca la tarta o empanadilla del congelador y métela directamente en el horno. Hornéala a 190 °C durante 45 minutos.

Consejo
Para preparar el relleno de la tarta de forma rápida y fácil, mezcla 4 partes de verduras al vapor/judías cocidas/setas con 1 parte de puré/kétchup/salsa/ queso rallado/curri.

Focaccia sin amasar

El pan casero recién hecho es delicioso y hace que la cocina huela muy bien. Este método sencillo para preparar una focaccia se salta la parte que requiere más tiempo —amasar la masa—, lo que hace que sea más fácil encontrar un momento para hacer pan por ajetreado que sea el día.

Si preparas tu pan, sabrás exactamente lo que lleva. Los panes de las tiendas suelen llevar conservantes. Mi versión sin amasado de la focaccia italiana tiene un sabor natural y lleva verduras de verano. Usa tus verduras preferidas y si quieres que tenga más textura ponle algún fruto seco o semilla.

Salen 1 bandeja grande o 2 bandejas más pequeñas

800 g de harina de fuerza para hacer pan (blanca o integral)

640 ml de agua fría

1½ cdta. de sal marina

1 cdta. de levadura seca

1. Mezcla los ingredientes en un cuenco grande. Tápalo y mételo dentro de la nevera al menos durante 6 horas (úsalo en un plazo máximo de 24 horas).

2. Una hora antes de hornear, saca el cuenco de la nevera y con una espátula de goma separa la masa del borde y dóblala sobre sí misma (derecha, arriba). Si está muy rígida, deja que se temple unos 15 minutos. Luego deja reposar la masa unos 30 minutos.

3. Echa un chorrito de aceite en la bandeja del horno y pon la masa encima. Para ello, mete ambas manos bajo la masa, una por cada lado, y sepáralas sobre la bandeja, para que el peso extienda la masa, que colgará. Luego iguala y da forma a la masa presionándola hacia las esquinas de la bandeja. Echa aceite por encima y déjala reposar otros 20-30 minutos.

4. Presiona ligeramente la masa con los dedos. Si vuelve a subir la mitad de lo que la habías hundido, está lista para ser horneada.

5. Úntate las manos de aceite y presiona con los dedos toda la masa de modo que se formen pompas y pliegues. Pon las verduras en los pliegues con una pizca de sal y un poco más de aceite (imagen inferior). Puedes poner tomates cherri enteros, o rodajas de tomate, cebolla, pimiento o calabacín.

6. Precalienta el horno a 230 °C y pon una bandeja honda en la parte inferior. Mete la focaccia en el horno y vierte 90 ml de agua en la bandeja honda que has colocado debajo, para producir vapor.

7. Pasados 30 minutos debería haber aumentado de volumen y estar hecha. Apaga el horno y abre un poco la puerta. Si la dejas otros 20 minutos se «curará» y se formará una corteza muy apetecible (abajo, derecha).

Consejo
Si congelas el pan, incluida esta focaccia con verduras, primero empápalo ligeramente con agua fría.

Luego hornea el pan en el horno precalentado a 180 °C durante 15 minutos. Quedará tan rico como el recién horneado.

Platos al horno

Preparar estos apetecibles platos al horno, dulces o salados, con productos del huerto es muy fácil. Solo necesitas un cuenco para mezclar los ingredientes y una bandeja de horno honda. Para los platos salados te doy sugerencias, más que recetas. Puedes preparar una cantidad grande y, una vez cocinada, dividirla en raciones y congelarlas.

SALADOS

Podrás preparar de forma sencilla varios platos con distintos ingredientes.

Pasta con verduras

Es uno de los platos más versátiles que puedes hacer con productos del huerto. Mezcla tomates frescos o en conserva con un poco de pasta al dente. Corta las verduras en dados, ponlas en la bandeja y añade caldo hasta casi cubrirlas. Puedes añadir una cucharadita de alguna de las mezclas de especias (p. 170), de vinagre o de algún condimento de la despensa. Échale queso rallado por encima y hornéalo 25 minutos a 190 °C.

Patatas con verduras

Mete unas cuantas patatas en el horno a 180 °C en la bandeja de abajo y hornéalas 1½ horas. Guárdalas en la nevera (3 días) o congélalas (6 meses). Para preparar este plato, rehoga cebolla, ajo, puerros o cebolletas con un poco de mantequilla y especias. Mientras tanto, quítale la piel a las patatas y córtalas en trozos grandes. Mézclalo todo, añade verduras (dados pequeños o ralladas) y pásalo todo a la bandeja. Hornéalo 15 minutos a 200 °C. Luego saca la bandeja del horno, casca un huevo encima y vuelve a meterla en el horno otros 10-15 minutos. Decora las patatas con hierbas o espolvoréalas con especias.

Guiso al horno

Los guisos son una delicia. Toma algo salado, como unas setas o salchichas, y fríelo con un chorrito de aceite hasta que se dore. Añade plantas aromáticas, fríelas un par de minutos y desglásalas con vino, vinagre o salsa Worcestershire. Pásalo todo a la bandeja del horno, añade todas las verduras del huerto cortadas en dados, algunos tomates frescos o en conserva troceados y caldo hasta cubrirlo todo. Cubre la bandeja con papel de aluminio y hornéalo a 160 °C durante 2 horas; luego retira el papel de aluminio y déjala otros 30 minutos a 180 °C, para que espese.

Consejo

Para que sea copioso, haz bolas con harina, mantequilla y agua. Añade hierbas y ponlas sobre el guiso una vez retirado el papel de aluminio, los 30 últimos minutos de cocción.

DULCES

Con ingredientes de cosecha propia, como zanahorias, remolachas o calabacines, también puedes preparar deliciosos platos dulces

Brownies

Incorpora bayas y verduras al brownie de chocolate. O prueba la versión con vainilla (derecha). Ambos pueden congelarse 6-8 meses.

Salen 12 raciones

170 ml de aceite de oliva

400 g de azúcar glasé moreno

180 ml de leche de vaca o de avena

1 cdta. de sal

230 g de harina blanca

½ cdta. de levadura en polvo

90 g de cacao en polvo (no en la versión con vainilla)

180 g de chocolate negro (blanco en la versión con vainilla), en trozos pequeños

100 g de remolacha/calabacín crudo rallado mezclado con bayas **o**

100 g de zanahoria rallada mezclada con bayas (para la versión con vainilla)

1 cdta. de extracto de vainilla (para la versión con vainilla)

Opcional

⅓ cdta. de lo siguiente: nuez moscada molida, canela molida y mezcla de especias, si lo quieres especiado.

1. Precalienta el horno a 190 °C. Bate el azúcar glasé y el aceite de oliva hasta que parezca glaseado de mantequilla espeso.

2. Añade la mitad de la leche y remuévelo bien; añade la otra mitad y mezcla hasta que quede homogéneo.

3. En otro cuenco mete el resto de los ingredientes, salvo el chocolate, las bayas y las verduras, y mézclalos bien.

4. Añade parte de la mezcla húmeda a los ingredientes secos y mézclalo hasta que se incorpore bien. Luego añade el resto de la mezcla con las bayas y las verduras ralladas. No lo mezcles en exceso.

5. Añade los trozos de chocolate e intégralos con la masa.

6. Coloca papel de horno sobre la bandeja, vierte la masa encima y extiéndela uniformemente con una espátula. Hornéalo durante 25-30 minutos.

7. Una vez frío, pon la bandeja en la nevera y déjalo reposar una hora. Luego corta el brownie en porciones.

Conservas

Por más que planifiquemos, es normal tener algunos excedentes. Las verduras, por supuesto, pueden congelarse, pero también hay métodos sencillos para convertirlas en deliciosas conservas. Si tienes abundantes frutos estivales puedes preparar sabrosas mermeladas. A continuación te explico cómo conseguir un aprovechamiento perfecto.

ENCURTIDOS

Las verduras encurtidas, aderezadas con hierbas y especias, dan un maravilloso toque ácido y crujiente a los platos. Animan los aperitivos y los bocadillos, y son un complemento fantástico para las ensaladas.

Sale suficiente para llenar un tarro de 500 ml

400 g de verduras poco feculentas, al gusto

250 ml de vinagre (blanco/sidra/malta)

250 ml de agua

30 g de azúcar

30 g de sal

Especias: combinan bien la pimienta en grano, el cilantro, las semillas de mostaza o las semillas de eneldo

1. Lava y corta las verduras en rodajas; a más gruesas, más crujientes. Deja enteros los pepinos pequeños.

2. En un cazo pequeño mete el vinagre, el agua, el azúcar, la sal y las especias. Ponlo a hervir.

3. Mete las verduras en un tarro esterilizado y vierte el licor de encurtir caliente hasta cubrir las verduras.

4. Cierra el tarro y déjalo a temperatura ambiente un

máximo de 4 semanas. Una vez abierto, guárdalo en la nevera un plazo máximo de 3 meses. Si los ingredientes están en rodajas finas, podrás comerlo pasadas 24 horas.

Consejo
Si uso pepinillos (derecha), les quito la punta en flor y añado un poco de zanahoria troceada. Así conservan su gratificante «chasquido».

CHUTNEYS

El chutney permite usar el excedente de las frutas y verduras que no conviene congelar (abajo, derecha). Para las mezclas de especias (tres últimos ingredientes), ver pp. 170-171.

Salen 4-5 tarros de 350 g

1 kg de verduras variadas y/o frutos

400 g de tomates (rojos o verdes)

500 ml de vinagre

250 g de azúcar

1 cda. de sal

2 cdas. de panch phoron

1 cda. de mezcla multiusos

1 cdta. de baharat

1. Lava y corta en trozos pequeños las verduras. Métalas en un cazo grande de acero inoxidable.

2. Añade el vinagre, el azúcar, la sal y las tres mezclas de especias. Llévalo a ebullición a fuego medio, removiendo con frecuencia.

3. Baja el fuego al mínimo y deja cocer el chutney durante 1-2 horas, o hasta que haya espesado y las verduras estén tiernas.

4. Deja que el chutney se enfríe y luego guárdalo en tarros esterilizados. El chutney se conserva en la nevera hasta 3 meses.

FRUTAS Y VERDURAS DESHIDRATADAS

Otro método para conservar la fruta y la verdura sin ocupar espacio en el congelador es la deshidratación. Las hierbas y los chiles son pequeños, así que puedes colgarlos en un lugar ventilado y dejarlos secar, pero en el caso de ingredientes que contienen agua, como los tomates y los calabacines, vale la pena invertir en un deshidratador. Si no quieres gastar en un deshidratador, puedes cortar los ingredientes en rodajas muy finas, ponerlas en una bandeja y meterlas en el horno a baja temperatura. Estas instrucciones son para utilizar un deshidratador.

1. Lava la fruta y la verdura. Córtala en trozos delgados de tamaño similar. Los ingredientes pequeños, como las bayas, déjalos enteros.

2. Colócalo todo en las bandejas del deshidratador (tomates, imagen inferior).

3. Ajusta la temperatura del deshidratador. Comprueba cómo van más o menos cada tres horas.

4. Cuando los ingredientes estén secos y quebradizos (abajo, derecha), mételos en un recipiente hermético. Etiquétalo con la fecha y guárdalo a temperatura ambiente, donde no dé el sol, un máximo de un año.

Rollos de fruta seca
Los rollos de fruta saben muy bien y son fáciles de hacer.

1. Mete en un robot de cocina unos 500 g de fruta y bayas. Tritúralo hasta obtener una mezcla uniforme (añade agua si es necesario). Añade miel o especias al gusto.

2. Extiende el puré resultante sobre una lámina de silicona intentando que tenga unos 5 mm de grosor y luego pon la lámina en una bandeja del deshidratador.

3. Pon la máquina a 60°C y déjalo 6-8 horas. Debe quedar maleable, pero no pegajoso.

4. Una vez deshidratada, retira la lámina y córtala en tiras. Enrolla las tiras y

guárdalas en un recipiente hermético. Si las guardas a temperatura ambiente aguantarán 1 mes; si las guardas en la nevera, 6 meses.

Consejo
Las frutas y las bayas deshidratadas aportan interés tanto a tés como a bebidas calientes; también puedes incluirlas en las mezclas caseras de muesli o granola para añadir un toque de dulzor y sabor a tu desayuno. Las setas también se deshidratan muy bien y pueden añadirse a guisos y salsas para pasta.

MERMELADAS

La mermelada permite conservar el dulzor de los frutos estivales, pero puede ser complicada de hacer. Mi truco para conseguir una mermelada perfecta consiste en incluir un 25 por ciento de fruta que no esté madura. Generalmente, cuando un fruto madura, el nivel de azúcar aumenta, pero el nivel de pectina, que ayuda a que la mermelada se cuaje junto con una pequeña cantidad de ácido cítrico, disminuye.

Cuando preparo mermelada, primero miro el peso total de la fruta y luego lo uso para calcular la cantidad de azúcar y zumo de limón que necesito con la siguiente ecuación:

> Fruta (peso total)

> Azúcar (50 % del peso total de la fruta)

> Zumo de limón (5 % del peso total de la fruta)

La siguiente receta de mermelada de fresa también sirve para otros frutos del bosque, como frambuesa, grosella y grosella espinosa.

Mermelada de fresa

1 kg de fresas (incluidos 250 g de fresas verdes)

500 g de azúcar

3 cdas. de zumo de limón

Salen aproximadamente 2 tarros de 500 g

1. Quita las hojas y los tallos a las fresas y mete todos los ingredientes en un cuenco. Déjalos macerar toda la noche. Lava y esteriliza los tarros para que estén listos para usarlos al día siguiente.

2. Al día siguiente, mete un plato pequeño en la nevera y déjalo enfriar una hora.

3. Con las manos (o con un triturador de patatas) aplasta bien el contenido del cuenco; así no perderás tiempo troceando la fruta. Obtendrás una mermelada más rústica, pero deliciosa.

4. Mete el contenido en un cazo grande y llévalo

rápidamente a ebullición, removiendo con frecuencia. Cuando se forme espuma en la superficie, retírala y tírala.

5. Cuando la mezcla empiece a burbujear, y se forme una superficie brillante, toma 1 cucharadita y ponla en el plato refrigerado. Espera un minuto y prueba a empujar la mermelada con el dedo. Si la superficie se arruga, es que la mermelada se ha cuajado (arriba). Retira la mermelada del fuego y pásala con cuidado a los tarros esterilizados. Pon las tapas, ciérralas bien y deja enfriar los tarros a temperatura ambiente. La mermelada aguanta hasta 9 meses. Una vez abierta, guárdala en la nevera hasta 1 mes.

Fermentación

La fermentación, que libera sabores y nutrientes, se está convirtiendo en un método cada vez más popular para mejorar la salud intestinal y prolongar la vida útil de los productos frescos. Si eres nuevo en esto o tus tentativas anteriores no tuvieron éxito, tranquilo. Las técnicas que explico aquí son sencillas y muy eficaces.

LACTOFERMENTACIÓN

Esta técnica (izquierda) se usa para preparar kimchi y chucrut. No es complicada y puede usarse casi con todos los cultivos. Si pones las verduras en salmuera (agua y sal), las bacterias beneficiosas transforman los azúcares de las verduras en ácido láctico, que aporta sabor y además actúa como conservante. Para limitar cualquier riesgo de deterioro, desinfecta bien los utensilios y utiliza un medidor de pH para comprobar el nivel de acidez y saber que puede consumirse sin problema. Tira los productos que muestren indicios de tener moho o que huelan mal.

Sale suficiente para llenar un tarro de 1,5 litros

1 kg de verduras, de tu elección

Agua suficiente para cubrir las verduras

Sal (2-5 % del peso total de las verduras y el agua, ver paso 4)

Semillas enteras de especias/hierbas

Jengibre/ajo fresco (rodajas)

Opcional
Chile en polvo, al gusto

1. Lava y corta las verduras en rodajas del grosor que quieras.

2. Pesa el tarro esterilizado y llénalo con las verduras, especias y hierbas. Yo siempre pongo raíz de jengibre y/o dientes de ajo, ya que le dan buen sabor y estimulan las bacterias beneficiosas. Deja unos 5 cm libres arriba, para que el gas pueda acumularse.

3. Llena el tarro de agua fría, hasta cubrir completamente los ingredientes. Luego vuelve a pesar el tarro.

4. Resta el peso del tarro vacío al peso del tarro lleno y multiplica el resultado por 0,02 para saber la cantidad de sal que necesitas. Añade la sal, pon la tapa y sacude el tarro para que se disuelva.

5. Guarda el tarro donde no le dé el sol directo durante 3-7 días; abre la tapa todos los días para que el gas de la fermentación pueda salir.

6. Pasada una semana, empieza a probar las verduras. Cuando estén lo bastante ácidas, mete el tarro cerrado en la nevera para ralentizar el proceso de fermentación, así como para que conserve y desarrolle todo su sabor. Comprueba el nivel de acidez con un medidor de pH. Debido a la sal que contiene, el fermento es seguro para el consumo a 4,6 o por debajo.

7. Úsalo en un plazo máximo de 2 meses.

FERMENTO «SECO»

Si preparas fermentos con verduras con mucha agua, como calabacín, tomate y col, no hay que añadir líquido. Tampoco si usas verduras ralladas. También puedes frotar la col con sal para que extraiga la humedad. La sal por sí sola extraerá los jugos para producir una salmuera con un sabor delicioso.

Por cada 500 g de verduras troceadas o cortadas en rodajas finas necesitarás 1½ cucharaditas de sal.

1. Mete la sal y las verduras en un tarro esterilizado.

2. Pon encima un peso de cristal o cerámica para que se mantengan sumergidas en la salmuera. Déjalo hasta 2 días, para que la sal pueda extraer toda la humedad.

3. A partir de aquí, sigue el método de preparación y almacenamiento usado en la lactofermentación (ver pp. 187-188).

Con salmuera fermentada El líquido extraído al añadir sal en el método «seco» está lleno de actividad microbiana y aporta gran cantidad de nutrientes y mucho sabor si se usa para cocinar o encurtir.

Macerado rápido Corta en rodajas finas las verduras, añádeles licor fermentador ácido (pH de 3,5 o menos) y déjalas en la nevera toda la noche. Al día siguiente podrás usarlas como guarnición, para rellenar tus bocadillos o como ingredientes crujientes y salados en tus ensaladas.

Salmuera sólida Mezcla una ración de verduras fermentadas (de las que llevan agua y de las secas) con salmuera fermentada; tritúralo hasta obtener una salsa para dar sabor a las verduras asadas.

Glaseado con mantequilla Pon una nuez de mantequilla en un cazo caliente. Deja que se derrita y burbujee, pero antes de que empiece a dorarse añade la misma cantidad de salmuera fermentada. Burbujeará y desprenderá vapor durante un minuto y se convertirá en un glaseado con el que podrás untar las verduras y las carnes antes de asarlas.

VINAGRE SILVESTRE

Usa esta técnica para transformar los cultivos ricos en azúcar en un vinagre de intenso sabor con microbios beneficiosos. Funciona bien tanto con la fruta del huerto como con la recolectada en la naturaleza, y también con los tomates. Puedes añadir a la mezcla el corazón y la piel de las manzanas.

Sale suficiente para llenar un tarro de 1 litro

900 g de fruta o tomates

200 g de azúcar de caña

1,8 litros de agua

150 ml de vinagre de sidra de manzana crudo*

* Sin pasteurizar, con «madre» (bacterias beneficiosas)

1. Mezcla los frutos/tomates y machácalos o tritúralos un poco. Incorpora el azúcar y el agua, y remueve hasta que el azúcar se haya disuelto. Vierte el contenido en un tarro grande esterilizado. No hace falta tapa.

2. Cubre el tarro con un paño y sujétalo con una goma o una cuerda. Guarda el tarro donde no le dé el sol directo.

3. Destápalo y remueve el contenido todos los días con una cuchara de plástico o de madera esterilizada. Así entra oxígeno, lo que estimula la fermentación. Remueve la superficie para evitar el moho. Sigue removiéndolo a diario durante 2 semanas.

4. Cuélalo (arriba) y vierte el vinagre en un tarro limpio. Tápalo como antes y déjalo fermentar otro mes. Ya no hace falta removerlo.

5. Pasado ese tiempo el líquido resultante debería ser agradablemente ácido, lo que indicaría que el proceso de fermentación ya se ha completado. Comprueba con un medidor de pH que tiene 2,5 o menos. Si no es

así, puedes disminuir el nivel de pH añadiendo vinagre blanco fuerte (6 % de acidez) o zumo de limón.

6. Mételo en botellas y úsalo de inmediato o déjalo envejecer para que mejore su sabor. Para que conserve el color y el sabor, guárdalo en la nevera un máximo de 6 meses.

Bebidas

Preparar bebidas sanas y deliciosas con ingredientes que has cultivado tú mismo es una experiencia realmente gratificante. Las recetas que tienes aquí, a diferencia de muchas de las que aparecen en otras guías autosuficientes, no precisan de una larga fermentación. De hecho, mi selección es apta para toda la familia.

INFUSIONES

Con las hierbas y las flores frescas puedes preparar infusiones calientes (imagen derecha), pero también puedes dejarlas en la nevera toda la noche y disfrutar de ellas en forma de bebida refrescante un día de calor. Las flores son muy sensibles a la temperatura, así que el resultado será totalmente distinto dependiendo de si la infusión es fría o caliente. Retira siempre cualquier bicho de flores y hojas.

Con un deshidratador a baja temperatura puedes deshidratar hierbas y flores frescas en solo dos horas y guardarlas en un recipiente hermético en un lugar fresco y oscuro. Si no tienes un deshidratador, prepara pequeños ramilletes de flores y/o hierbas, cuélgalos boca abajo donde no les dé el sol directo y deja que se sequen solos. Así conservarán todo su sabor y su aroma y disfrutarás de infusiones todo el año. Para rehidratarlas, añade agua recién hervida a las hojas o flores secas y deja reposar la infusión durante cinco minutos. Añade una cucharadita de miel o azúcar para endulzarla.

Infusión caliente
Mete dos puñados de flores y/o hierbas secas o frescas en un cazo con 500 ml de agua y 1 cucharada de miel o azúcar. Déjalo cocer cinco minutos. Cuélalo y tómalo de inmediato.

Infusión fría
Vierte 500 ml de agua en un recipiente hermético, añade miel o azúcar al gusto y remuévelo para que se disuelva. Con unas tijeras, corta las flores y/o las hierbas para que liberen todo su aroma y añádelas al líquido. Tapa el recipiente con la tapa y déjalo en la nevera toda la noche para que se infusione (lo ideal son 12 horas). Disfrútala con hielo un día caluroso de verano.

CORDIALES

Con ingredientes jugosos, como bayas y frutos blandos, puedes preparar cordiales fantásticos (derecha). Por cada 500 g de bayas (frescas o congeladas), necesitarás 500 ml de agua, 350 g de azúcar y la piel y el zumo de un limón. No todos los cordiales precisan limón, pero les da sabor agradable y ayuda a su conservación. Con el ruibarbo también se obtiene un buen cordial, como con los frutos silvestres (ver p. 194).

1. Mete las bayas (sin el tallo) y el agua en un cazo grande con la piel del limón y déjalo cocer a fuego lento durante 30 minutos (abajo).

2. Pon un paño de muselina sobre una jarra y cuela la mezcla. No presiones en exceso o parte de la pulpa se colará junto con el zumo.

3. Limpia el cazo, vierte el zumo en él y ponlo al fuego.

4. Añade el azúcar y el zumo de limón. Remuévelo hasta que el azúcar se disuelva.

5. Rectifica el dulzor al gusto y vierte el cordial en una botella de cristal esterilizada de 750 ml. Guárdala en la nevera y úsalo en un plazo máximo de 3 semanas.

Presentación

En verano, sirve los cordiales fríos con hielo picado y unas cuantas hojas frescas de hierbabuena o melisa. Para preparar un cordial caliente de invierno, pon el líquido en un cazo y añade una ramita de canela, un anís estrellado y un macis. Déjalo cocer a fuego lento durante 20-30 minutos.

Cordial de flores frescas

Prepara un cordial de verano con flores de saúco u de otro tipo. Infusiona 100 g de flores en 825 ml de agua en ebullición, 660 g de azúcar y la peladura y el zumo de un limón. Déjalo reposar un día a temperatura ambiente. Mételo en botellas y guárdalo en la nevera.

BEBIDA DE VERANO

Déjala fermentar 3 días para extraer todo el sabor. Es una bebida parecida a la ginebra con poco alcohol, pero compleja e intensa. Si la prefieres sin burbujas, evita el azúcar.

Tarro de cristal de 2 litros

Trapo de cocina

Cuerda o goma elástica

Paño de muselina

Hojas de hierbabuena, melisa o hierbaluisa para llenar el tarro

200 g de miel sin refinar

Limón, en rodajas

2 cdtas. de azúcar

Agua fría

Opcional
Trozo de jengibre fresco de 2,5 cm, pelado y troceado

1. Tras esterilizar el tarro, elimina cualquier insecto de las hierbas seleccionadas.

2. Mételas en la jarra con el jengibre fresco, si lo usas. Deja 5 cm libres en la parte superior para que el gas pueda acumularse durante el proceso de fermentación.

3. Añade la miel, las rodajas de limón y agua suficiente como para cubrir las hierbas. Es posible que tengas que poner un peso para mantener los ingredientes sumergidos.

4. Cubre el tarro con un trapo y fíjalo con cuerda o una goma elástica. Déjalo reposar a temperatura ambiente donde no le dé el sol directo.

5. Pasados 3 días, cuela el líquido a través del paño de muselina y echa las hierbas a la pila de compost. Pasa el líquido colado a dos botellas esterilizadas. Deja un espacio libre en la parte superior para se acumule el gas. Añade 1 cucharadita de azúcar a cada botella y sacude para que se disuelva.

6. Mete las botellas en la nevera 1 o 2 días antes de consumir su contenido.

Alimentos silvestres

Recolectar ingredientes comestibles silvestres es una forma excelente de complementar las comidas y añadir nutrientes adicionales gratis. Asegúrate de recolectar en terrenos públicos, no privados, y nunca en exceso, ya que podrías destruir el delicado equilibrio del ecosistema.

Los ingredientes silvestres más comunes aparecen en la página opuesta, junto al mes en el que son más abundantes y sugerencias sobre cómo usarlos. Antes de salir a buscarlos, familiarízate con cada una de las plantas. Asegúrate de poder identificar las plantas parecidas pero potencialmente dañinas, como el lirio de los valles, que se parece al ajo silvestre pero cuyas hojas no huelen a cebolla.

Mes	Planta	Parte usada	Sabor	Usos
Enero	Ortiga	Hojas	A espinacas con un toque mentolado	Prepara una infusión con hojas frescas o secas. Añade las hojas jóvenes a sopas, cremas, revueltos y quiches.
Febrero	Hierba gallinera	Hojas	Como la lechuga	En pestos o sopas. Aderezo de ensaladas de invierno.
Marzo	Acedera	Hojas	A limón, muy ácido	Úsala solo en pequeñas cantidades. En sopas y cremas, para darles un toque cítrico.
Abril	Ajo silvestre	Hojas, tallo, flores, semillas	A cebolla entre delicada y fuerte	Trata las hojas como las espinacas babi y añádelas a tartas y quiches; fermentado en el kimchi. Sus semillas pueden sustituir las alcaparras y las flores y añadirse a las ensaladas.
Mayo	Espino	Flores	A mazapán	Queda bien en los cordiales.
Junio	Saúco	Flores	A limón cítrico/ pera floral	Prepara una infusión o un cordial suave (pp. 190-193).
Julio	Arándanos	Bayas maduras	Dulce e intenso	Cuécelos y úsalos en cordiales, compotas, mermeladas, salsas y relleno dulce para tartas.
Agosto	Bayas de saúco	Bayas maduras	Agrio	Cuécelos para eliminar toxinas y úsalos en cordiales, mermeladas, vinos, sirope y kétchup.
Septiembre	Espino, escaramujo (imagen izquierda)	Bayas maduras	Agrio, pero con un toque dulce	Cuece el espino, quítale las semillas y haz jalea, infusiones o sirope. Usa el escaramujo para hacer mermeladas, cordiales y bebidas, pero quita las semillas.
Octubre	Ciruela de Damasco, endrino	Fruto maduro	A ciruela amarga	Cuece las ciruelas de Damasco y haz mermelada, tartas y chutney; infusiona las ciruelas de Damasco y los endrinos en ginebra o vodka.
Noviembre	Castaña dulce	Frutos sin cáscara	Terroso y dulce	Asadas, o añádelas a tartas, rellenos de carne y cremas.
Diciembre	Salicornia	Puntas de los tallos	Fresco y salado	Cuécelas al vapor e incorpóralas a platos de pasta o patatas.

Técnicas de cultivo

40

Siembra

Por lo general, la forma más rentable de cultivar es a partir de semillas. Los dos métodos más corrientes son la siembra directa y la siembra en macetas y módulos, aunque por supuesto hay excepciones. Así, cultivar a partir de semillas, cultivos que aman el calor, como berenjenas, chiles y pimientos, puede ser caro, porque precisan calor y sol desde principios de temporada. Comprar plántulas suele ser más barato y es más fácil.

SIEMBRA DIRECTA

Siembras las semillas directamente en su emplazamiento definitivo. El método es muy simple (imagen opuesta inferior).

1. Ata un trozo de cuerda a dos palos, extiéndela y marca la hilera.

2. Con la parte posterior del mango de un rastrillo, cava una zanja en el suelo con la profundidad adecuada para la semilla.

3. Siembra las semillas a lo largo de la base de la zanja.

4. Cúbrelas y presiona la tierra con cuidado para que las semillas contacten bien con el suelo.

5. Riega bien (o siembra unas horas antes de que vaya a llover).

Siembra en semillero
Cuando siembro puerros y brassicas con tallo, como el brócoli y la col rizada, prefiero hacerlo en un semillero, para poder propagar más plantas en un espacio pequeño. Una vez que las plántulas crecen y dan hojas verdaderas, las trasplanto, más espaciadas, a su emplazamiento final.

SIEMBRA EN MACETAS Y MÓDULOS

Sembrar a cubierto las semillas te permite empezar a cultivar mientras esperas que llegue el buen tiempo. Las plántulas cultivadas en macetas o módulos (derecha, arriba) estarán listas para ser trasplantadas una vez que la cosecha anterior se haya recolectado. El método es el mismo tanto si siembras en macetas como en módulos.

1. Llena las macetas o los módulos de compost (multiusos sin turba o para semillas) y presiónalo con

firmeza. Echa más compost por encima en los módulos.

2. Riégalos antes de sembrar para que los agujeros que harás para poner las semillas no se desplomen sobre sí mismos.

3. Con un plantador o con el dedo haz un agujero de la profundidad adecuada para cada semilla (arriba).

4. Siembra las semillas y cúbrelas con compost. Presiónalo ligeramente.

5. Etiquétalas y dales un riego final.

Trasplante

Cuando entresaques las plántulas jóvenes, sujétalas con cuidado por una hoja para no dañar el frágil tallo. Si las plántulas son más grandes, independientemente de si han sido cultivadas en módulos, macetas o semilleros, sujétalas por el cepellón o las hojas, y riégalas bien tanto antes como después de trasplantarlas.

ENTRESACADO

El objetivo de entresacar es conseguir que germinen muchas plántulas usando el mínimo de compost. Luego selecciona las mejores plántulas y cultívalas de forma individual en módulos más grandes para después trasplantarlas a su ubicación definitiva.

1. Llena de compost macetas pequeñas o bandejas grandes divididas en celdas.

2. Con ayuda de una etiqueta, extrae las plántulas del semillero cuando veas que han aparecido las dos primeras hojas verdaderas.

3. Sujeta la plántula por una hoja mientras haces un pequeño agujero en el compost con un lápiz.

4. Pon la plántula de modo que solo se vean 5-10 mm del tallo por debajo de las hojas y riégala con cuidado.

BANDEJAS MODULARES

1. Antes de trasplantar las plántulas coloca siempre las bandejas modulares en 2,5 cm de agua durante 5-10 minutos, para que las plántulas absorban el agua.

2. Empuja la plántula hacia arriba presionando con el dedo y sácala de la celda.

Sujétala por el cepellón (arriba, izquierda).

3. Haz un agujero en el suelo con el dedo o con un plantador, ligeramente más profundo que el cepellón, y coloca la plántula en él (arriba, derecha).

4. Presiona con firmeza el compost alrededor de la plántula (derecha) y riégala. Si la plantas un poco más profunda, el agua se acumulará alrededor del tallo e irá a parar directamente a las raíces.

PLÁNTULAS GRANDES

1. Antes de trasplantar plántulas grandes, como las brassicas sembradas en macetas de 7-9 cm, riega cada plántula en su maceta.

2. Con un desplantador, haz un agujero igual de ancho, pero una vez y media más profundo, que la maceta. Pon un puñado generoso de compost casero en la base del agujero.

3. Cubre con una mano la parte superior de la plántula, da la vuelta a la maceta y golpea suavemente la base para que se suelte el cepellón (derecha).

4. Pon la plántula en el agujero, riégala, compacta el compost por los lados y luego presiona alrededor de las raíces.

SEMILLERO

1. Con un tenedor, extrae con cuidado las plántulas, como los puerros, del semillero. Las raíces tendrán tierra pegada.

2. Sumérgelas en un cubo de agua 10 minutos y luego sacúdelas con suavidad para desenredar las raíces y separar las plantas (abajo).

3. Con un plantador, haz un agujero en el suelo de la longitud de las raíces mojadas. Mete la plántula en el agujero.

4. Llena el agujero hasta arriba de agua, aprieta bien la tierra y compáctala alrededor de la plántula. Estas plántulas a raíz desnuda pueden marchitarse, pero suelen recuperarse a los 3 días.

Consejo
Al trasplantar brassicas y tomates que tengan como mínimo cinco o seis hojas verdaderas, entierra bien las plantas de manera que el primer par de hojas quede justo por encima del nivel del suelo. Así crecerán fuertes y estables, y no con el tallo largo y desnudo.

Riego

Tómate estos consejos sobre el riego como una orientación, y no como una serie de pautas infalibles. Básicamente, el riego sirve para que las plantas estén hidratadas y que, por lo tanto, no se estresen. Mientras evites que tus plantas se marchiten, la cosa irá bien.

PLÁNTULAS

Las plántulas jóvenes son muy frágiles. Precisan un riego suave, hecho desde la base. Llena una bandeja estanca con 3-4 cm de agua y coloca las bandejas modulares o macetas en la bandeja. El compost actuará a modo de mecha y hará que el agua suba hacia arriba. Pasados 10 minutos, las plántulas estarán bien hidratadas y podrás volver a guardar la bandeja en su sitio. Riégalas siempre que los 2 cm superiores del compost estén secos.

Plántulas en maceta
La mejor opción para las plántulas que llevan en la maceta un mínimo de 4

semanas es regarlas por la base. Es también el mejor método para las plántulas de cualquier edad. Si las riegas desde arriba, el compost parecerá húmedo, pero puede seguir estando completamente seco bajo la superficie. Si tienes varias bandejas con plántulas y no dispones de tiempo para regarlas todas por la base, riégalas desde arriba y luego vuelve a hacerlo pasados 15 minutos. Riégalas siempre que los 2-3 cm superiores del compost estén secos.

Semillas y plántulas sembradas directamente
Mantén húmedo, pero no empapado, el suelo donde las hayas puesto. El método de la tabla (ver p. 31) resulta

realmente eficaz para conservar la humedad; una vez que germinen, simplemente retira la tabla. Las cuatro primeras semanas tras la germinación, riega las plántulas siempre que los 2-3 cm superiores del suelo estén secos.

PLANTAS MADURAS

Las plantas maduras tienen unas raíces bien desarrolladas que pueden acceder a la tierra húmeda que hay muy por debajo de la superficie, así que no precisan un riego tan regular como las plántulas. Pero hay dos casos en los que sí necesitan agua: el primero, cuando los 5 cm superiores del suelo están del todo secos; y el segundo, cuando lleva sin llover una semana y no se prevé lluvia en los días siguientes. Riega siempre las plantas maduras lo más cerca que puedas de la base del tallo. Es la mejor forma de que el agua llegue hasta las raíces, que es donde hace falta.

Perennes
Esta plantas precisan poca agua, salvo que el tiempo sea extremadamente seco. En los periodos muy secos, riégalas en profundidad cada 2 semanas. Tras regar las plantas perennes, o justo después de que llueva, pon mantillo a su alrededor; coloca una capa hecha con recortes de hierba, hojas o virutas de madera de 5 cm. Ayudará a disminuir la evaporación y a retener la humedad.

Riego por goteo
Este eficaz método de irrigación es ideal para los cultivos que crecen en el politúnel, como las hileras de tomateras. El agua se vierte directamente al suelo desde la manguera y de ahí va a las raíces. Instalar este sistema puede ahorrarte tiempo, sobre todo si conectas la manguera a un temporizador para el riego automático.

Consejo
El cloro del agua del grifo puede dañar los microbios del suelo. Si almacenas el agua del grifo en un tanque en el exterior, déjalo reposar durante 24 horas antes de usarla para regar las plantas. Así el cloro tendrá tiempo de disiparse.

Agricultura de conservación

La agricultura de conservación es la forma de cultivar alimentos al tiempo que se mejora la salud del suelo. No implica dejar de labrar ni tener que aplicar reglas concretas. La flexibilidad es clave y el grado que quieras alcanzar dependerá de tus circunstancias personales y tu experiencia, y del conocimiento que tengas de tu propio huerto.

PRINCIPIOS Y PRÁCTICAS

Aquí tienes los principios básicos junto con algunas aplicaciones prácticas:

1. Analiza antes de actuar

Cuando planifiques alguna tarea que implique alterar el suelo, primero analiza todas las opciones disponibles. Luego piensa cuál de ellas es la más adecuada y beneficiosa, y actúa en consecuencia. Si al inicio de la temporada de cultivo el suelo está compactado, por ejemplo, puedes aflojarlo con un cultivador de horquilla ancha.

2. Piensa en el ecosistema

Si consideras el huerto como un ecosistema, lo que ocurra encima será tan importante como lo que ocurra debajo. Fomenta la biodiversidad con plantas que atraigan a polinizadores y aplica cambios biológicos caseros (ver p. 208) para aumentar los microbios beneficiosos.

3. Buen uso de los recursos

Usa recursos locales y sostenibles para ahorrar costes. Por ejemplo, en lugar de comprar compost para los bancales nuevos, prueba el compostaje en zanja. Cava una zanja de 50 cm de profundidad, llena dos terceras partes de ella con restos vegetales, cúbrelos y planta encima. El material se irá descomponiendo poco a poco aportando materia orgánica y fertilidad. Si tienes poco presupuesto, puedes ahorrar no comprando semillas orgánicas.

4. Policultivo dinámico

Intenta tener varios cultivos anuales en el mismo lugar a lo largo de la temporada. Así evitarás problemas propios de un cultivo (plagas, enfermedades y carencias nutricionales) a la vez que aumentas la productividad y la resistencia del huerto. Prueba técnicas como la

intersiembra y la rotación y la asociación de cultivos.

5. Cobertura continua

Para proteger el suelo, intenta mantenerlo cubierto el máximo de tiempo posible. Si plantas cultivos de cobertura, como la facelia, protegerás el terreno durante el invierno. Más adelante, se corta el cultivo y se deja que sus nutrientes vuelvan al suelo. Cubrir los bancales elevados vacíos con materiales transpirables, como el cartón (arriba), también minimiza su exposición a los elementos.

Autosuficiencia

Uno de los principales desafíos en el camino hacia la autosuficiencia es tener bastante compost. Comprarlo es caro y si lo produces tú siempre tienes que estar pendiente. La agricultura de conservación ofrece vías alternativas para aumentar la fertilidad del suelo, como el compostaje en zanja del punto 3). Además, no tener compost suficiente no significa que no puedas cultivar plantas que precisan muchos nutrientes, como calabazas o tomates. Dos meses antes de plantarlos, entierra desperdicios vegetales de la cocina. Marca los lugares con un palo y trasplanta allí las plántulas.

La agricultura de conservación es un método flexible que te permitirá ahorrar y que podrás adaptar a tus necesidades. Se centra en estrategias prácticas, así que es ideal para quienes buscan un estilo de vida sostenible y autosuficiente.

Enmiendas

Las enmiendas son preparados naturales no invasivos que potencian la salud de las plantas y aumentan su resistencia frente a los ataques de plagas y enfermedades. Las cuatro enmiendas que recomiendo aquí son baratas y fáciles de preparar en casa. Dos de ellas además mejoran la salud y la calidad del suelo.

BAL

Las bacterias del ácido láctico (BAL) son una enmienda microbiana agrícola natural coreana que tiene una serie de beneficios asombrosos. A continuación, encontrarás instrucciones detalladas para prepararla. En la nevera aguanta hasta 6 meses. Si añades BAL a la pila del compost, acelerarás el proceso de descomposición y eliminarás el tufillo típico del compost. Si diluyes las BAL y las usas para pulverizar las hojas, protegerás las plantas jóvenes de enfermedades como el mildiú polvoriento; también puedes usarlas en los bancales. Las BAL mejoran la estructura del suelo, aumentan la retención del agua y descomponen los nutrientes, de modo que las plantas los absorben más fácilmente.

El proceso consta de dos pasos: la preparación del caldo de arroz y agua, y la incorporación de la leche para alimentar las bacterias del ácido láctico, que se multiplicarán por millones.

Paso 1 Preparar el caldo

250 g de arroz blanco orgánico crudo

250 ml de agua

Tarro de cristal de 250 ml

Goma elástica y trozo de tela tipo muselina (para cubrirlo)

2 cuencos grandes

Colador

1. Pon el colador sobre uno de los cuencos, añade el arroz y vierte el agua por encima de él.

2. Toma el colador con el arroz y colócalo sobre el otro cuenco. Vierte el agua del primer cuenco por encima. Repite la operación 8-10 veces. El agua se volverá turbia a medida que arrastra el almidón del arroz.

3. Vierte el agua turbia en el tarro de cristal, cúbrelo con la tela, para que el aire pueda introducirse en la mezcla, y sujétala con una goma elástica.

4. Tenlo en casa, donde no le dé el sol durante 3 días. Las bacterias se comerán el almidón y el caldo olerá como el agua de un jarrón con flores pasados varios días.

Paso 2 Alimentar las bacterias

1,5 litros de leche de vaca entera orgánica

Tarro de cristal de 2 litros

Tarro de cristal de 1 litro

Colador de malla fina

1. Retira la capa que se ha formado en la parte superior con una cuchara. Vierte el líquido transparente que hay debajo en el tarro grande. Descarta el sedimento que queda en la base del tarro que contenía el caldo.

2. Incorpora la leche al caldo y mézclalo.

3. Cúbrelo con la tela de antes y sujétala con la misma goma elástica. Deja el tarro en el mismo lugar entre 5 y 6 días.

4. El líquido se habrá dividido en serum BAL (lactosuero) y cuajos (abajo). ¡Y sí, puedes hacer queso con los cuajos!

5. Pon el colador de malla fina sobre el segundo tarro y separa el líquido de los cuajos.

6. Etiqueta el tarro y tenlo en la nevera un máximo de 6 meses. Úsalo diluido en una proporción de 1:1.000 o pon 2 cucharaditas en una regadera de 10 litros.

SMJ

La solución microbiana Jadam (SMJ) es una enmienda líquida fantástica que emplea el mantillo de hoja como inoculante (activador). Un solo lote producirá grandes cantidades de microbios beneficiosos que podrás añadir al suelo. Estos mejoran la estructura del suelo, descomponen los nutrientes para que las plantas puedan acceder a ellos y protegen las raíces de las plantas. La solución es más eficaz si se aplica al suelo un par de semanas antes de plantar el cultivo.

Cuando el cultivo crezca bien, riégalo con SMJ diluido para dar un impulso extra al suelo y a la salud de las plantas. Los microbios son sensibles a la temperatura, así que si piensas usar SMJ en el politúnel, te recomiendo preparar la solución en el propio túnel.

Preparación de SMJ

Cubo de 50 litros con tapa y asa

2 patatas medianas hervidas

1 puñado de mantillo de hoja

1 cdta. de sal marina

Paño tipo muselina o arpillera (50 x 50 cm)

Cuerda

1. Llena el cubo con agua de lluvia.

2. Coloca las patatas y el mantillo de hoja en el centro del paño o tela.

3. Junta las cuatro esquinas y átalas con la cuerda formando una bolsa pequeña.

4. Ata al asa del cubo otro trozo de cuerda y sujétala a la bolsa de manera que la bolsa quede sumergida pero no se hunda hasta el fondo. Si el cubo no tiene asa, coloca el extremo de la cuerda debajo de un ladrillo.

5. Añade la sal marina al agua y luego frota con firmeza la bolsa, para que las patatas y el mantillo de hoja se mezclen bien. El agua se pondrá turbia.

6. Coloca la tapa y déjalo en el sitio 3-5 días.

7. Si se forman burbujas blancas en la superficie del líquido es que el SMJ está listo para ser usado. No esperes a que las burbujas se pongan marrones, ya que entonces los microbios estarán menos activos.

8. Diluye el SMJ en una proporción de 1:10 si vas a usarlo en suelo desnudo y de 1:20 si el suelo está plantado.

«INFUSIÓN» DE PLANTAS

Este abono líquido sencillo no puede ser más fácil de preparar. Además, las plantas que necesitas seguro que crecen alrededor o cerca de tu huerto. Recolecta hojas de consuelda, ortiga, borraja, acedera, cardo, hierba y dientes de león, y haz una mezcla equilibrada o céntrate en un solo ingrediente con un fin específico. La infusión de consuelda es ideal para tomates y calabazas.

Llena un cubo con el material vegetal seleccionado, añade agua hasta cubrirlo y déjalo en un lugar en el que no le caiga la lluvia durante 2 semanas (derecha, arriba). Usa el abono fresco diluido en una proporción de 1:10 para regar una vez a la semana; así proporcionarás a los cultivos un impulso general (derecha, abajo). Si el abono tiene más de 4 semanas, dilúyelo en una proporción de 1:20.

CONCENTRADOS DE PLANTAS

Las ortigas, la consuelda, la borraja y la acedera son muy ricas en minerales, así que con ellas puedes hacer abonos concentrados fantásticos. Recoge hojas de la planta seleccionada (una sola o una mezcla de ellas) para llenar

Consejo
Si no has preparado ninguna enmienda líquida, lo siguiente mejor que puedes hacer es comprar abono orgánico de algas marinas.

un cubo y aplástalas poniendo encima una piedra o un peso. No hay que añadir agua. Tápalo y déjalo durante unos 2 o 3 meses. Vierte el líquido oscuro resultante en un tarro. Dilúyelo en proporción de 1:100 (100 ml en una regadera de 10 litros) y aplícalo en la base de las plantas cada 15 días.

A finales de verano es un buen momento para preparar los concentrados, ya que las hojas tendrán tiempo de descomponerse durante el invierno. Así, cuando empiece la siguiente temporada de cultivo, los concentrados estarán listos para ser usados. Puedes guardar el líquido denso en botellas de plástico o tarros de cristal, en un lugar fresco y oscuro.

Desherbado y protección

Las malas hierbas compiten con los cultivos por el agua y los nutrientes. El desherbado periódico lo evita. Por otra parte, una helada intensa a principios de temporada puede diezmar las plantas jóvenes de la noche a la mañana, así que utilizo estrategias contra las heladas para proteger las plantas tiernas.

DESHERBADO

Dada su superficie limitada, el huerto autosuficiente es fácil de controlar adoptando un sencillo sistema de desherbado. Paséate entre los bancales cada 2 o 3 días y arranca a mano las malas hierbas que hayan aparecido. Las que escapen a tu control y hayan echado raíces profundas pueden arrancarse fácilmente con ayuda de una horquilla.

Usa una azada

La azada oscilante o de tracción de mango largo es mi herramienta preferida para mantener a raya las malas hierbas. Además, sachar con azada es menos duro para la espalda que inclinarse para hacerlo a mano (derecha). Usa una azada de cabeza estrecha que puedas manejar bien entre las hileras de cultivos. Hunde la pala 1-2 cm por debajo del suelo para cortar las raíces de las malas hierbas. Lo ideal es sachar por la mañana un día soleado o cuando hace viento, para que las malas hierbas se marchiten y se mueran en la superficie; así no tendrás que molestarte en recogerlas.

Invierno

En los meses fríos, cuando estamos menos tiempo en el huerto, las malas hierbas siguen saliendo y en seguida arraigan. Cubre el terreno con dos capas de cartón y pon encima algunas piedras; al llegar la primavera, retira los cartones y añádelos a la pila de compost.

PROTEGER CULTIVOS

El secreto para minimizar los daños del frío es calcular la fecha en la que suele haber las últimas heladas de la primavera y estar pendiente del tiempo. Si hay previsión de heladas y ya has trasplantado las verduras tiernas, puedes protegerlas con uno de estos métodos.

Vellón

Siempre que haya riesgo de heladas (si se prevé una temperatura nocturna de 4 °C

o menos), cubre con vellón hortícola grueso (de 30 g) los cultivos como las patatas nuevas. Fija los extremos con piedras, para que no se mueva. El vellón grueso actúa a modo de manta térmica. Es una buena inversión, pues durará varias temporadas. Permite que la luz llegue a los cultivos de debajo, así que puedes dejarlo el tiempo necesario. Si quieres ahorrar, pon una sábana vieja sobre palos cortos, para que no toque el follaje.

Botellas de plástico

Corta una botella de plástico por la base y colócala sobre una planta tierna, como un calabacín, para mantener a raya las heladas. Si es posible, pon las botellas en su sitio por la tarde, para que el aire de dentro tenga tiempo de calentarse. Al día siguiente puedes retirar el tapón para que se ventilen. Es un método fantástico para hacer crecer las plántulas más deprisa cuando el tiempo es frío,

independientemente de si hay riesgo de heladas o no.

Cajas de cartón

Para ofrecer protección temporal con un método barato a las calabazas recién trasplantadas, por ejemplo, puedes emplear unas cajas de cartón puestas boca abajo. Si hay previsión de heladas, coloca la caja sobre las plantas al atardecer; si hace viento, pon encima una piedra. Por la mañana retira la caja.

Índice

Agradecimientos

Agradecimientos de Huw y Sam
Queremos dar las gracias al equipo de DK por confiar desde el primer momento en nuestra idea para este libro. En primer lugar, a nuestra editora, Katie Cowan, por darnos la luz verde, y también a Ruth, Max, Glenda y, por supuesto, Lucy, por convertir nuestra idea en un libro físico. Gracias también a Laura Macdougall, de United Agents, por su increíble apoyo.

Y a nuestros colegas Stacey Bell, por ser el pegamento que nos mantiene unidos como equipo, y a Neil Jones, el gnomo de nuestro jardín: ¡no cambiéis nunca!

Agradecimientos de Huw
Gracias a mi familia, Steven, Clarrissa y Fflur, por ser mi mayor club de fans; a Sam Cooper, por lidiar con mi inagotable torrente de ideas y preguntas; a mis seguidores, pues nada de lo que he hecho habría sido posible sin vosotros, y muy especialmente este libro; y, por último, a mi cafetería de cabecera, Medina, por haberse convertido en mi refugio de escritura.

Agradecimientos de Sam
Gracias a mi familia y a mis queridos amigos: Wai Yan, Jane, Margaret y Ben, por su infinita paciencia, apoyo e inspiración, y por dedicar siempre tiempo a una buena comida; a Huw Richards, por cultivar tantos deliciosos productos; a mis seguidores, que son la mejor comunidad posible de aficionados a la cocina de la que alguien podría formar parte; y a los muchos chefs y reposteros con los que he tenido el placer de trabajar y de los que tanto he aprendido.

Agradecimientos de los editores
DK desea dar las gracias a Daniel Crisp por la ilustración de la página 24, a Dawn Titmus por la revisión del texto, a Lisa Footitt por la preparación del índice y a Steve Crozier por el trabajo de reprografía.

Sobre los autores

Huw Richards es permaculturalista, creador digital y codirector de Regenerative Media afincado en el medio oeste de Gales. A los 12 años creó su propio canal de YouTube sobre el cultivo de alimentos.

Tiene más de 750 000 suscriptores y sus vídeos se han visto más de 85 millones de veces. Huw se ha propuesto que el cultivo de alimentos sea lo más accesible posible para el mayor número de personas.

Es autor de tres libros con DK, *Veg in One Bed* (2019), *El huerto autosuficiente* (2020, 2024) y *The Vegetable Grower's Handbook* (2022). Se le puede encontrar en Instagram (@huwsgarden).

Sam Cooper trabajó como chef en cocinas de Shropshire y el medio oeste de Gales antes de conocer a Huw Richards y convertirse en codirector de Regenerative Media. Tiene más de 500 000 seguidores en Instagram (@chef.sam.black), donde comparte vídeos sobre productos de temporada de su propia cosecha, con especial atención a la fermentación. Ha escrito el capítulo «En la cocina» de este volumen, y en 2022 publicó su primer libro en solitario, titulado *The Nature of Food*.

DK LONDRES

Edición ejecutiva Ruth O'Rourke
Edición del proyecto Lucy Philpott
Diseño sénior Glenda Fisher
Asistencia de diseño Izzy Poulson
Edición de producción David Almond
Control de producción sénior Stephanie McConnell
Coordinación de maquetación y diseño Heather Blagden
Diseño de cubierta Izzy Poulson
Coordinación de cubierta y materiales de ventas Emily Cannings
Dirección de arte Maxine Pedliham
Dirección editorial Katie Cowan

Edición Anna Kruger
Diseño Matt Cox at Newman+Eastwood Ltd
Ilustración Tobatron
Ilustración de la cubierta Sam Cooper

De la edición en español:
Servicios editoriales Tinta Simpàtica
Traducción Ana Riera Aragay
Coordinación de proyecto Sara García Pérez
Dirección editorial Elsa Vicente

Publicado originalmente en Gran Bretaña en 2024
por Dorling Kindersley Limited
DK, One Embassy Gardens, 8 Viaduct Gardens,
Londres, SW11 7BW
Parte de Penguin Random House

Copyright del texto y las imágenes © Huw Richards LTD 2024
Huw Richards ha hecho valer su derecho a ser identificado
como autor de esta obra.
Copyright © 2024 Dorling Kindersley Limited
© Traducción española: 2025 Dorling Kindersley Limited

Título original: *The Self-Sufficiency Garden*
Primera edición: 2025

Reservados todos los derechos.
Queda prohibida, salvo excepción prevista en la ley, cualquier
forma de reproducción, distribución, comunicación pública y
transformación de esta obra sin la autorización escrita de
los titulares de la propiedad intelectual.

ISBN: 978-0-5939-6301-2

Impreso y encuadernado en China

www.dkespañol.com

MIXTO
Papel | Apoyando la
silvicultura responsable
FSC™ C018179
www.fsc.org

Este libro se ha impreso con papel
certificado por el Forest Stewardship
Council™ como parte del compromiso
de DK por un futuro sostenible.
Más información: **www.dk.com/uk/
information/sustainability**